Couverture inférieure manquante

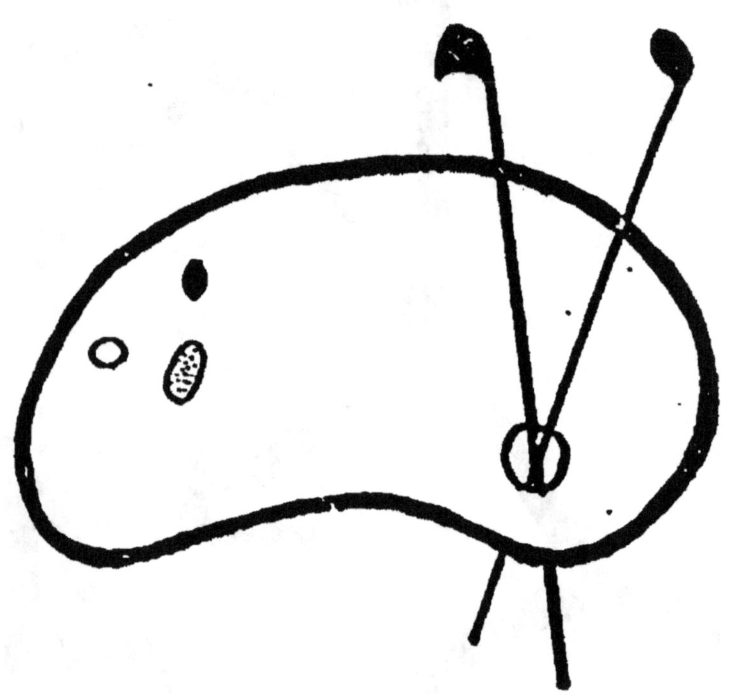

DEBUT D'UNE SERIE DE DOCUMENTS
EN COULEUR

J. MAILLARD

LE
CHATEAU ROYAL
DE
SAINT-HUBERT

VERSAILLES

IMPRIMERIE AUBERT

6, avenue de Sceaux, 6.

—

1905

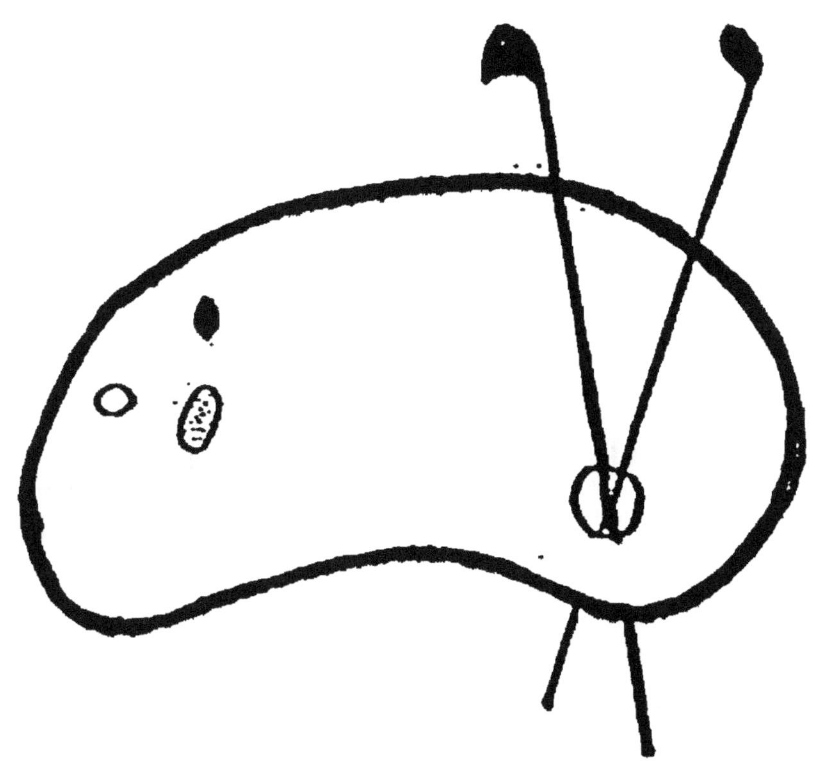

FIN D'UNE SERIE DE DOCUMENTS
EN COULEUR

LE

CHATEAU ROYAL DE SAINT-HUBERT

J. MAILLARD

LE
CHATEAU ROYAL
DE
SAINT-HUBERT

VERSAILLES

IMPRIMERIE AUBERT

6, avenue de Sceaux, 6.

—

1905

LE CHATEAU ROYAL DE SAINT-HUBERT

On ne donna pas tout de suite le nom de Saint-Hubert à la résidence que Louis XV fit bâtir, en 1755, sur les confins de la forêt de Rambouillet ; on l'appela d'abord simplement Pavillon de Pouras. Ce fut seulement après l'achèvement de la première construction, lorsque de considérables agrandissements eurent été conçus, que le Roi éleva cette maison au rang de château et que, par l'épithète de « Saint-Hubert », il manifesta son ambition d'en faire le modèle des rendez-vous de chasse. Mais la pauvreté du Trésor, en ces temps, entrava les grands projets ; en sorte que les vastes dépendances souhaitées pour le château de Saint-Hubert ne se construisirent que très lentement. Ce fut aux incomparables chasses de la forêt de Rambouillet qu'il dut son origine.

Il y avait longtemps que ces chasses exerçaient une puissante attraction sur la Vénerie royale. Louis XIII avait trouvé un charme à ces courses à travers les Yvelines, qui était entré en compte dans le choix du rendez-vous de chasse de Versailles, assez proche de cette forêt.

Louis XIV acheta Rambouillet pour le comte de Toulouse, un de ses fils naturels nés de Mᵐᵉ de Montespan. Il eut à Rambouillet un appartement. Mᵐᵉ de Maintenon en eut un également, bien que ni l'un ni l'autre n'aient profité beaucoup de la large hospitalité du comte de Toulouse, reconnaissant envers un père qui l'avait royalement doté.

Au contraire, Louis XV fréquenta beaucoup Rambouillet. Le cardinal Fleury le voyait avec plaisir aimer cet endroit et le poussait vers la société pieuse, mais de bonne humeur, que réunissait chez elle la comtesse de Toulouse.

En 1737, le comte de Toulouse étant mort, sa grande
fortune passa à son fils, le duc de Penthièvre, âgé seulement
de douze ans. Si jeune, ce prince allait bientôt éprouver les
importunités de Louis XV, son cousin. Le Roi voulait acheter
Rambouillet. On essaya de lui faire passer ce caprice en le
mettant à l'aise à Rambouillet et en améliorant son appartement (1) ; puis, comme il se plaignait de l'insuffisance
d'abri pour ses équipages de chasses, le duc de Penthièvre
fit élever, auprès de son château, de vastes bâtiments contenant cinquante-quatre appartements de maîtres, des remises
et des écuries pour 250 chevaux (2).

Après la construction de ces communs, Louis XV n'avait
plus sujet de se plaindre de Rambouillet, à moins d'adresser
au duc de Penthièvre le reproche d'être trop vertueux et,
par suite, d'un voisinage bien gênant pour un hôte qui, de
plus en plus, joignait la débauche aux plaisirs de la chasse.

Depuis quelques années, Louis XV se trouvait sous l'in-
fluence de Mme de Pompadour. Il n'osait pas l'emmener chez
le duc de Penthièvre ; et, comme il ne voulait ni renoncer
aux chasses de Rambouillet, ni cesser de traîner derrière lui
sa maîtresse, il ne lui resta plus qu'un moyen : s'exempter
de l'hospitalité de son austère cousin, tout en continuant à
jouir de la faveur de courir sa forêt. C'est à quoi il se résolut,
en 1755, en ordonnant la construction du Pavillon de Pouras.

Il est fort probable que Mme de Pompadour contribua per-
sonnellement à cette détermination : en 1755, elle se lassait
déjà de Bellevue, puisque, pour s'en défaire, elle le vendit
au Roi en 1757. Dès l'année suivante, elle commençait à

______

(1) Juin 1740. *Mémoires du duc de Luynes.*

(2) Ces bâtiments ont été nommés les Grands Communs de Rambouillet ou le Corridor. Sous ce nom, la Révolution les rendit célèbres.
Ils servirent un moment de déversoir aux prisons de Nantes et de Laval,
et furent l'étape où les suspects de l'Ouest, entassés jusqu'à six cents à
la fois, vinrent attendre que les prisons de Paris fussent vides pour y
aller composer les fournées de la guillotine ; heureusement, le 9 Thermidor arriva et ils ne firent pas le voyage de Paris.

accompagner Louis XV à Pouras, qu'on venait d'achever, et,
peu de temps après, on la voyait manifester une grande pré-
férence pour cette maison, sans doute à cause de son isole-
ment et des aises qu'elle y trouvait.

*
* *

Gabriel, intendant général des Bâtiments du Roi, avait
reçu l'ordre de tracer les plans de cette nouvelle résidence
royale. Il en choisit heureusement l'emplacement au point
de vue du pittoresque : auprès de l'étang de Pouras (1), à
quelques cents pas à droite de la route de Chartres, à cinq
lieues et demie de Versailles. Là, les étangs de Pouras et
d'Hollande forment une trouée de 6 kilomètres de longueur
et de 600 à 700 mètres de largeur : d'où résulte un immense
cirque d'arbres autour des eaux; panorama grandiose, plutôt
mélancolique, mais sans égal par ses proportions, dans la
région des Yvelines.

*
* *

La construction du château de Saint-Hubert commença au
mois d'avril 1755 (2). Nous en retrouvons l'historique dans

(1) Les étangs de Pouras et d'Hollande avaient été créés, en 1685 et
1686, pour le service des eaux du grand parc de Versailles. Ils appartenaient et appartiennent encore au système d'étangs et de rigoles qui
alimentent d'eau Versailles. Leur sol avait été acquis de divers particuliers, mais surtout des Dames de Port-Royal-des-Champs, qui avaient
en cet endroit une certaine étendue de terres, la plupart mauvaises et
marécageuses, qu'on avait nommées le Petit Port-Royal. Mais en par-
lant de cet endroit, par une abréviation admise entre les religieuses,
on disait *Port-Roi* et l'on finit par écrire *Porrois*. Les campagnards de
la région répétèrent ce mot *Pouras*. De là le nom de l'étang de Pouras
ou de Port-Royal, et celui de *Pavillon de Pouras*.

(2) Cette date résulte d'une réclamation faite au Roi par le sieur
Pépin, fermier général de la pêche des étangs : « ... Au mois d'avril
1755, il plut au Roi faire construire le château de Saint-Hubert. De ce
moment on tint l'étang (de Pouras) plein pour le service de la construction et pour éteindre la chaux, ce qui fit que le suppliant ne récolta
ni foin, ni put pescher pendant les années 1755, 1756, 1757... » —
Archives nationales, O¹ 1737.

la correspondance du directeur général des Bâtiments, M. de Marigny, avec le sieur Dubois, contrôleur des bâtiments de Saint-Hubert, et avec Gabriel, architecte du Roi (1).

Au début, il s'agissait seulement d'élever un grand pavillon précédé d'une cour, en avant de laquelle seraient, à droite et à gauche, deux petits pavillons d'entrée, pour le service.

Un arpenteur vint reconnaître les terrains, s'enquit des propriétaires, puis le service des Bâtiments prit possession de 133 arpents et demi de terre nécessaires aux plans de Gabriel. Ce ne fut que deux ans plus tard (2 avril 1757) que les mesures exactes de ces terres et leur estimation furent établies par l'arpenteur Mathis (2). Il trouva trente-quatre pièces de terre, formant une superficie exacte de 133 arpents 83 perches et demie, qu'il estima 11,636 livres 7 sols, y compris les trois petits bâtiments de la Méroterie et les plantations de chênes et d'arbres fruitiers qui se trouvaient sur certaines terres. Les trois petits bâtiments de la Méroterie, « construits en pierre de meulière et terre », figurent dans l'estimation pour une somme de 2,000 livres.

Il importe de remarquer que ce sont les seules misérables constructions qui fussent en cet endroit, afin de réduire à néant une phrase du *Journal* de Barbier, qui, à la date de mai 1757, donne Saint-Hubert pour une « petite maison » que le Roi « a achetée à M. le duc de Penthièvre » (3).

(1) Archives nationales, O¹ 1737-1761.

(2) Archives nationales, O¹ 1737. — « État d'arpentage et d'estimation du fond ainsy que de ce qui est dessus, tant en maisons nommé la Méroterie, jardin et enclos fermé de haye vive, acrue de bois, le long des fossez de la forest de Rambouillet sur des terreins à différens particuliers sur lesquelles est placé le château de Saint-Hubert et allées pour y arriver... lesdits terreins, Sa Majesté se propose d'acquérir étant dans la censive de Mgr le duc de Penthièvre, à cause de sa terre de Rambouillet, sur les paroisses du Peray et des Essarts, dont les sieurs curés sont gros décimateurs... »

(3) Cette erreur de Barbier pouvait accréditer une autre erreur. Dans la salle des Résidences royales, au Musée de Versailles, on voyait un tableau sans aucun rapport avec le château de Saint-Hubert, sous le-

Les propriétaires de la Méroterie étaient les fils Bourgalier (Pierre, Jean-Marie et Mathias). Ils possédaient encore six autres des pièces de terre prises pour la bâtisse du Roi. Le reste des trente-quatre pièces appartenait à treize propriétaires, qui étaient : la fabrique du Perray, la fabrique des Essarts, les Dames de Hautes-Bruyères, les demoiselles Perrin (1), la veuve et les héritiers Martin, etc. Ces derniers avaient la plus grande surface : treize pièces, dont une de 38 arpents et demi. Toutes ces terres étaient de mauvaise qualité et en friche.

Elles dépendaient, pour le cens et la justice, du duc de Penthièvre, que le Roi indemnisa.

* *

Une grande activité régna au début sur le chantier de Pouras. Les entrepreneurs étaient poussés à faire vite. On trouve cette préoccupation dans les lettres du contrôleur Dubois au marquis de Marigny.

A la date du 8 juillet 1755, il écrit (2) :

« Je souhaiterois de tout mon cœur de pouvoir rendre l'atelier de Pouras plus vif qu'il n'est, mais les fouilles de tuf et de roches, qui sont longues et difficiles à faire, prolongent de beaucoup l'ouvrage, quoy qu'il y ait actuel-

quel était inscrit : « Le château de Saint-Hubert vers 1722. » On ne jeta les fondations du château que trente-trois ans après cette date. M. de Nolhac, conservateur du Musée, à la suite de notre communication à la Société des Sciences morales de Seine-et-Oise, a fait cesser cet anachronisme en enlevant le tableau de son cadre.

(1) Une des demoiselles Perrin était première femme de chambre de la Reine. Elles possédaient à Pouras 8 arpents que Mathis estima 400 livres ; mais, au lieu de toucher une indemnité, ces demoiselles proposèrent un échange de terre. L'offre fut présentée au Travail du Roi avec cette mention : « La Reine s'y intéresse. » Elles obtinrent par un bon du Roi, en date du 30 décembre 1757, 2 arpents, sis à Versailles, au Parc-aux-Cerfs, « dans la place appelée Ursulines », contre la cession de leurs 8 arpents de friche à Pouras.

(2) Archives nationales, O¹ 1737.

lement plus de 180 ouvriers... Je compte que la fouille des caves des pavillons de l'entrée sera finie dans huit ou dix jours... »

La semaine suivante, le 13 juillet 1755, Dubois dit :

« L'atelier est augmenté de 17 ouvriers... La fouille des caves des pavillons est finie d'hier... Le décompte fait de la dépense actuelle de Pouras que l'entrepreneur a fait jusqu'au 13 courant monte à 18,535 livres 10 sols. Pour que les ouvrages ne languissent point, veu les approches de la moisson où les ouvriers ne tiennent que par une augmentation de paye, il est de la justice de donner un acompte un peu fort... »

Au 28 septembre, nous lisons du même Dubois :

« Les ouvrages continuent d'avancer et se font bien et solidement. Le premier plancher est posé sur les deux petits pavillons, et l'on pose actuellement le second sur celui du concierge (1) avec le comble en mansarde et la lanterne dessus, pendant que l'on taille la même charpente pour le pavillon à gauche en entrant. Il y a 12 charpentiers à tailler au champtier de Versailles et 10 à poser à Pouras... Le mur de clôture se continue... On dresse le terrain pour marquer la fouille des fondations du gros pavillon, que nous ferons en sorte de remplir et faire les petites voûtes sous le rez-de-chaussée jusqu'à l'arrase, pour établir la première assise au commencement de la campagne prochaine. »

Un mois après, il demandait au directeur des Bâtiments sept cent cinquante ormes, qu'on devait planter en janvier ou février suivant, « pour former la teste de l'avant-cour (2) et l'entrée des cinq avenues de quatre rangs qui y aboutissent ».

(1) Situé à droite de l'entrée.

(2) Ce nom d'*avant-cour*, donné à un terrain vague réservé devant le château, démontre, ce qui a été dit plus haut, que, dès la fondation de Saint-Hubert, on avait là de vastes projets pour l'avenir.

Mais si, pour plaire au Roi, le service des Bâtiments poussait vite le travail à Saint-Hubert, il n'était pas en mesure de montrer le même zèle dans la remise des acomptes aux entrepreneurs. C'est ainsi que le retard des paiements amena une rébellion parmi les ouvriers. Le marquis de Marigny songea bien à réclamer des fonds pour ses entrepreneurs, mais il fut plus prompt encore à envoyer « l'ordre du Roy, à la brigade de la maréchaussée de Montfort, de prêter main-forte au garde des bâtiments de Pouras pour contenir les ouvriers qui travaillent au Pavillon, en cas qu'ils se refusassent au service et qu'ils voulussent se soustraire aux ordres des entrepreneurs ». (16 novembre 1755.)

· On versa néanmoins des acomptes et le Roi créa un fonds spécial en faveur de Saint-Hubert, en 1756 : 120,000 livres sur le Trésor lui furent attribuées (1).

Dès cette seconde année de la construction commencèrent les accroissements des plans. Le marquis de Marigny en avisa Dubois en mai 1756 :

« Je vous envoie, Monsieur, de nouveaux plans pour le pavillon de Pouras, suivant les changements et accroissements qu'il a plu à Sa Majesté de faire... Comme Sa Majesté désire que cet ouvrage soit fait avec diligence et couvert cette année, je fais un arrangement de cinquante mille écus de fonds pour cette partie de Pouras... »

Nous n'avons pas retrouvé les plans dont il est question ici.

« Nos ouvrages de Saint-Hubert, disait Dubois, le 28 juillet 1756, ont un peu langui pendant les dix ou douze jours que la pierre a manqué... l'atelier est composé de 336 ouvriers, sçavoir 116 terrassiers... »

Les efforts des terrassiers étaient partagés entre trois

(1) Comptes des Bâtiments, O¹ 2256 et O¹ 1742. Bon du Roi : « ... pour la construction d'un pavillon à Pouras... pour le repos de mes chasses... »

ouvrages : la terrasse sur le bord de l'étang ; les tranchées des arbres, sur les avenues, et les glacières. Les autres ouvriers, maçons et charpentiers, élevaient le pavillon principal. Le 7 août 1756, Dubois informait ainsi M. de Marigny de l'état des travaux : « ... Les assises sont achevées de poser dans la partie gauche du château et les murs élevés à la hauteur du plancher des entresols ; l'on posera les planchers desdittes à commencer de lundy avec les cloisons qui portent le plancher. L'on pose les assises de la partie à droite, pour aussitôt y élever les murs de face ; tous ceux de refend sont à la hauteur du premier étage ; tous les planchers des entresols sont taillés et l'on commence ceux du premier. Il est arrivé 35 voies de pierre cette semaine. Nous avons 59 terrassiers et onze voitures au remblay de la terrasse, et 58 aux tranchées des lignes d'arbres et à la fouille des glacières, qui est à 17 pieds de bas... »

L'activité qui règne à Pouras donne de rapides résultats. Au 17 septembre, le pavillon est déjà très avancé : « ... L'on pose actuellement, dit Dubois, le plancher du salon (1). Tout le bâtiment est arasé jusqu'au plancher supérieur du premier étage, qui fait le plancher de la mansarde, que les charpentiers posent dans la partie à gauche en entrant. Le ravallement dudit pavillon, à gauche, sera fini dans trois jours sur les trois faces. L'on pose l'entablement et la balustrade de cette partie ; et l'on va élever les pignons et les cheminées de ladite partie pour y poser le comble, afin d'estre en état de commencer à couvrir dans trois semaines au plus tard cette partie. Mardy prochain, l'on posera les cintres pour voûter la glacière qui sera à hauteur. La terrasse se fait assé heureusement pour le remblay, mais les tranchées des lignes d'arbres se font diligemment. Nous avons actuellement 314 ouvriers... »

____

(1) Le salon était au rez-de-chaussée ; il formait un avant-corps sur le côté du pavillon qui donnait vers les étangs.

Tout marchait bien, malgré quelque difficulté créée par les pluies, lorsque, soudain, une crise se produisit. L'argent manquait depuis longtemps ; entrepreneurs et ouvriers étaient las des promesses vaines qu'on leur faisait : ils cessèrent tout d'un coup le travail. On était au 12 octobre 1756. Le contrôleur Dubois s'empresse d'écrire à M. de Marigny :

« Monsieur le Directeur, j'ay l'honneur de vous informer que j'ay fait tous mes efforts pour retenir les maçons, limousins et partie des terrassiers et voituriers jusqu'à ce jour aux travaux de Saint-Hubert, par les promesses que je leur avois faites qu'ils seroient payez à la fin de la semaine dernière ; mais voyant qu'ils ne touchoient point d'argent et que l'entrepreneur, qui n'a plus de crédit, ne leur donnoit aucun acompte, ils sont tous partis, malgré les menaces et les promesses que je leur ay faites qu'ils en toucheroient cette semaine. Leurs hôtes, ni les boulangers ne veulent ni ne peuvent leur rien donner davantage. Il leur est deus jusqu'à dix semaines, et ils ne veulent plus travailler qu'ils ne soient payez à une quinzaine près. Je me trouve très embarrassé pour la suite des ouvrages de maçonnerie ; les ravallemens ne sont qu'à moitié faits ; l'entablement n'est qu'à la moitié ; nous avons tous les corps de cheminée à élever, n'ayant plus de briques...

« Je suis continuellement obsédé par plus de 300 ouvriers qui ne cessent de demander pour avoir du pain qui leur est refusé... »

Onze jours après, M. de Marigny répondait de Fontainebleau : « J'ai été très touché, Monsieur, de votre lettre du 12 de ce mois... Je ferai tous mes efforts pour vous procurer des fonds nécessaires le plus exactement qu'il sera possible. »

Comment Dubois se tira-t-il d'affaire? Sa correspondance ne nous l'apprend pas. Mais en nous reportant aux Comptes des Bâtiments, nous voyons que l'entrepreneur Coquelin reçut, les 17 octobre, 6 novembre et 17 décembre 1756, trois

acomptes de 11,000 livres, 15,000 livres et 15,000 livres.
Ces acomptes étaient pour les travaux qu'il avait exécutés
l'année précédente, mais, après tout, c'étaient des acomptes.
Ainsi, il est probable que les travaux ne restèrent pas longtemps interrompus.

Le 8 mars 1757, le marquis de Marigny écrit à Gabriel :
« Le Roy m'a remis, Monsieur, les plans que je vous envoye
ci-inclus pour être exécutés à Saint-Hubert. Vous aurez
agréable de m'envoyer incessamment et avec toute diligence
possible le devis de la dépense de cet objet, afin que j'en
puisse rendre compte au Roy... »

On construisit à nouveau, en 1757, les ailes des communs,
à droite et à gauche des pavillons d'entrée. Le Roi avait
ordonné une recette de 240,000 livres (1) sur le Trésor royal
« pour la présente année », en faveur de Saint-Hubert.
Comme l'année précédente, on dépassa de beaucoup cette
valeur dans l'exécution des travaux.

C'est toujours à la correspondance du contrôleur des bâtiments de Saint-Hubert, Dubois, que nous avons recours pour
suivre les progrès de ces travaux. Nous n'avons pas de
lettres de lui, en 1757, avant les 11 et 22 juillet. Il écrit à
M. de Marigny :

« ... Les ouvriers de toutes espèces, compris ceux qui travaillent au château (2), sont au nombre de 331, et 14 voitures
au transport des matériaux, sans compter celles qui viennent
de Versailles et de Paris. Les ouvrages se continuent assé
bien pour les bonnes constructions, mais les grandes chaleurs
ralentissent un peu les ouvriers. Les assises de grés du côté
des cuisines (3) se font un peu attendre... la maçonnerie en
moelon se suit bien, mais les Limosins commencent à quiter
pour aller en moisson... Les ouvrages du château se font;

(1) Archives nationales, O¹ 2251.
(2) C'est-à-dire à l'intérieur du pavillon principal.
(3) Commun situé à gauche de l'entrée.

les lambris de la chambre du Roy sont posés; l'on est après ceux des cabinets et gardes-robes (1). J'espère qu'à la fin d'aoust toute la menuiserie du rez-de-chaussée sera bien avancée... »

Le 22 novembre de la même année, on présentait l' « Etat des plombs laminés nécessaires pour la couverture de l'aile des communs du château de Saint-Hubert joignant le pavillon du concierge (2) »... Pour cette partie des communs, il fallait « vingt-cinq chapeaux de lucarnes » pour les deux pavillons et « l'aile en retour », et dix chapeaux de lucarnes ovales pour « l'arrière-corps » (3). C'est expliquer que chacun des communs, bâtis en 1757, se composait d'une aile et d'un arrière-corps, appuyés sur deux nouveaux petits pavillons et sur l'un de ceux construits à l'entrée, en 1755.

Ils formaient ainsi, avec les deux pavillons d'entrée, les trois côtés d'un carré, ouvert devant la grille. Entre ces bâtiments existait un espace dénommé basse-cour.

Le même état décrit les plombs destinés au « fronton sur la cour » et aux « membrons des deux pavillons ». Il ajoute : « L'aile des communs du côté de la chapelle étant pareille à celle du logement du concierge, dont on a détaillé les plombs ci-dessus, il faudra les mêmes mesures et la même quantité (4)... »

A ce moment, l'on s'occupait de la décoration intérieure du pavillon principal. Clérici stuquait le salon et y peignait des imitations de marbre; Werbreck y sculptait des plâtres; Rousseau commençait la sculpture des boiseries.

Aucun appartement n'avait été mené plus vite que les autres; on n'avait point prévu le cas où l'hospitalité du

(1) Ces petites pièces étaient situées à l'entresol ; la phrase suivante de Dubois ne se rapporte pas à ces pièces.

(2) Pavillon de droite en entrant.

(3) Archives nationales, O¹ 1751.

(4) Le plomb demandé pour la couverture des communs forme un poids total de 125,927 livres.

château serait demandée avant son achèvement ou avant l'inauguration par le Roi. On eut cependant besoin d'un logement pour M. de Cassini, en décembre 1757.

« Le Roy, écrit M. de Marigny, a chargé M. de Cassini de faire lever une carte topographique des endroits où Sa Majesté va chasser. M. de Cassini compte faire mesurer incessamment la forêt de Saint-Léger, de Rambouillet et de tous les environs de Saint-Hubert, malgré les mesures exactes qu'on a de ces forêts ; mais comme le Roy lui a demandé une extrême précision dans cette carte topographique, il est obligé d'être présent à ce travail et de suivre, de tems en tems, les ingénieurs. Il me demande s'il ne seroit pas possible de luy accorder, dans le château de Saint-Hubert, un logement où il pût se retirer les soirs... » (23 novembre 1757.)

Dubois répond immédiatement au directeur des Bâtiments : « ... Il n'y a dans le château de Saint-Hubert que la chambre du capitaine des gardes et la salle des officiers, à côté, que vous pourriez accorder à M. de Cassini ; les lambris, les blancs de dorure et les chambranles des cheminées y sont posés... »

Ordre fut donné de débarrasser les deux pièces mentionnées par Dubois et de les mettre à la disposition de M. de Cassini, qui fut, de la sorte, le premier hôte du château de Saint-Hubert.

Un incident se produisit pendant l'hiver 1757-58 : le duc de Penthièvre se plaignit de la dévastation de son domaine par les ouvriers de Saint-Hubert. Le garde-marteau de sa forêt de Rambouillet avait constaté qu'il « avait été coupé et scié 320 pièces de bois, dont la plupart portaient 15 à 18 pouces de tour ». Ce bois avait été brûlé par ceux des ouvriers du château qui logeaient dans le cabaret de la Méroterie, dont les baraques avaient été conservées et mises à la disposition d'un logeur, pendant la construction du château. Le Roi paya les dégâts.

Cependant, les travaux intérieurs de Saint-Hubert étaient

hâtivement poussés, afin que les appartements fussent prêts vers le mois de mai ou de juin, époque habituelle des chasses du Roi dans la forêt de Rambouillet.

Le 7 janvier 1758, M. de Marigny avait commandé une toile à Carle Vanloo (1) : « Le Roy désire, Monsieur, un tableau d'autel pour la chapelle du château de Saint-Hubert. Je veux que ce tableau soit d'un grand maître et j'ay jeté les yeux sur vous. Je laisse le sujet à votre choix; vous ne serez gêné que par les dimensions et je vais ordonner qu'on vous remette le châssis le plus tôt possible. »

C. Vanloo peignit *La Conversion de saint Hubert :* le bienheureux poursuit un cerf, entre les cornes duquel le Christ lui apparaît soudain. L'œuvre fut terminée pour le mois de juin. Vers la fin de ce mois eut lieu l'inauguration du château et la bénédiction de la chapelle, par l'évêque de Chartres.

Les bâtiments qu'on livrait au Roi comprenaient : deux petits pavillons d'entrée, réunis par une grille, dont l'un, situé à gauche, renfermait la chapelle, l'autre, à droite, la conciergerie; les communs formaient deux groupes de 16 toises chacun, ailes et pavillons, qui s'adossaient aux pavillons de la chapelle et de la conciergerie. Par la porte placée au milieu de la grille, on avait accès dans une cour de 33 toises de longueur sur 32 toises de largeur, plantée de deux rangées d'arbres. Sur les côtés, cette cour était fermée de murs, dans lesquels s'ouvraient des portes pour communiquer avec les basses-cours et les jardins. Au fond était le pavillon principal. Il se composait d'un rez-de-chaussée, d'un entresol, d'un premier et d'un deuxième étage (ce dernier mansardé). Sa longueur était de 23 toises, et son épaisseur de 10 toises (2). Un avant-corps se détachait du pavillon principal, du côté opposé à l'entrée, et renfermait le salon.

Les communs n'avaient qu'un étage mansardé. Les pavil-

(1) Archives nationales, O¹ 1737.
(2) 46 mètres sur 20.

lons d'entrée, un seul étage également. A l'intérieur, le corps du château était distribué en sept pièces appropriables à des logements, à l'entresol; six grandes pièces avec cabinets ou garde-robes au premier, et douze pièces avec garde-robes au deuxième étage. Il n'y avait donc place, ainsi qu'il est dit ailleurs, que pour vingt-cinq maîtres.

.*.

Louis XV avait suivi attentivement la construction du château de Saint-Hubert. Dans les *Mémoires* du duc de Luynes, on lit, à la date du mois de juin 1756 : « M. le Dauphin et Mme la Dauphine partirent (de Chartres) lundi de bonne heure. Le Roi, qui alloit à la chasse du côté de son nouveau pavillon de Pouras, qu'on appelle présentement Saint-Hubert, leur avoit donné rendez-vous au Péré... »

Un autre voyage est signalé dans la correspondance du contrôleur Dubois, en juillet de la même année (1).

En mai 1757, Louis XV vint encore se rendre compte des travaux. « Lundi 23, dit le *Journal* de Barbier, le Roi a été dîner à sa nouvelle petite maison de Saint-Hubert, dans le bois de Rambouillet (2)... Ce n'est qu'une maison de chasse qu'il fait meubler simplement pour vingt-cinq maîtres. Il y a donc été dîner (3) avec Mme la marquise de Pompadour et quelques seigneurs, et il est revenu à Versailles pour faire, mardi 24, un petit voyage à Choisy.

« De Saint-Hubert, Mme la marquise de Pompadour est partie pour aller à sa terre de Crécy jusqu'à jeudi..... »

En 1758, dès le mois de mars, le Roi réapparaît à Saint-

---

(1) « Lorsqu'il y est venu de Compiègne au mois de juillet dernier. » — Lettre à M. de Marigny, 17 septembre 1756. Archives nationales, O¹ 1737.

(2) C'est ici que Barbier commet l'erreur dont nous avons parlé plus haut; il ajoute, en effet : «... qu'il a achetée à M. le duc de Penthièvre... »

(3) On verra bientôt, par un extrait des *Mémoires du duc de Luynes*, que le Roi dînait à Saint-Hubert, en 1757, au premier étage du pavillon d'entrée, qui était destiné à renfermer plus tard la chapelle.

Hubert. A la suite de cette visite, Dubois écrit à M. de Marigny, au sujet des jardins :

« M. le D' G' est très-humblement suplié de vouloir ordonner à M. de Morlet d'envoyer 3,232 pots de semi double pour les parterres de Saint-Hubert, pour mettre dans les plates bandes à la place des roziers que l'on devoit mettre, le Roy l'ayant demandé le 30 mars, à son dernier voyage... »

On ne planta de rosiers que sur la terrasse dominant les étangs; il y en eut 900 pieds.

.[.].

La bénédiction de la chapelle de Saint-Hubert, dans les derniers jours de juin 1758, a fourni au duc de Luynes l'occasion de donner quelques renseignements sur cette maison royale. Il dit, dans le tome XVI de ses *Mémoires :*

« Le bâtiment que le Roi fait faire à Saint-Hubert, sur le bord de l'étang de Pouras, est presque achevé. On travaille cependant encore au salon, qui est en stuc jaune et blanc, fait par le même ouvrier qui a travaillé chez M. d'Argenson, à Neuilly. A la suite des deux pavillons de l'entrée de la cour, on a fait deux bâtiments pour la bouche et le commun. L'entrée de la cour est fermée par une grille. Le pavillon de gauche en entrant, qui a servi, dans les commencements, de cuisine en bas, et de salle à manger en haut, a toujours été destiné à faire une chapelle; elle est présentement achevée, et la bénédiction en fut faite hier par M. l'évêque de Chartres. Le Roi était présent et y entendit la messe. Il y a un chapelain de nommé pour la desserte de cette chapelle. On commence à bâtir quelques maisons dans le voisinage, et on va y établir une succursale en attendant qu'on bâtisse une paroisse. Le Roi, pour la commodité de son service actuel, a loué une petite maison de campagne, nommée l'Artoire, qui est de l'autre côté du pavé de Rambouillet. »

L'ouvrier dont vient de parler de Luynes, occupé à stuquer le salon de Saint-Hubert, est Clérici. Il se fit la plus haute réputation dans l'art d'imiter les marbres et de polir le stuc. Gabriel avait bien choisi en Clérici l'artiste consciencieux, capable de mettre à point le chef-d'œuvre qu'il voulait laisser à Saint-Hubert, cet élégant et riche salon qu'on aurait dû dessiner comme modèle d'intérieur de cette époque. Il affectait la forme circulaire et était composé par quatre arcades et une calotte, au centre de laquelle était un percé. Les arcades s'appuyaient sur huit pilastres corinthiens. Dans l'une des arcades s'ouvrait la porte sur le vestibule et l'intérieur du château; elle était garnie de quatre glaces. Au-dessus de cette porte, Slodtz avait sculpté un buste de Diane et deux enfants. En face, dans une autre arcade, Gabriel avait placé une cheminée de marbre surmontée de glaces (1). L'arc de cette arcade restait à jour.

Tout autour du salon régnait une frise ornée de consoles, de guirlandes, de quatre têtes de cerfs et de quatre têtes de sangliers sculptées par Pigalle, Falconet et Coustou, et de vingt-quatre chiens, dus à Werbreck. Quatre bas-reliefs avaient été distribués à Slodtz, Pigalle, Falconet et Coustou, tandis que les huit trophées de chasse décorant la calotte avaient été réservés à Slodtz, qui se trouvait ainsi le principal sculpteur du salon de Saint-Hubert. Le ciel de cette calotte avait été peint par Bachelier.

Les Comptes des Bâtiments nous disent que Pigalle, Falconet et Coustou reçurent chacun 1,200 livres pour leur part de travail dans ces chefs-d'œuvre; Werbreck, 1,581 livres 10 sols ; Slodtz, 4,900 livres (2). Clérici fut payé 28,703 livres.

(1) Quatre glaces de 53 pouces 2 lignes sur 31 pouces 8 lignes chacune. — Archives nationales, O¹ 1738.

(2) Comptes des Bâtiments, O¹ 2258.

Il avait fait venir d'Allemagne, nous apprend-il dans une supplique au Roi, sept ouvriers capables de l'aider.

Louis XV éprouva une grande satisfaction à la vue du salon de Saint-Hubert, d'une grâce toute particulière, due au jeu de lumière des percés et à la beauté et à la fraîcheur des ornements de stuc blanc contrastés par la teinte jaunâtre des imitations de marbres antiques.

Malheureusement, la terrible humidité de la forêt *iveline* commença tout de suite son œuvre destructrice contre cette merveille. Clérici l'avait terminée en mars 1759 : au bout d'un an, le salpêtre s'y mettait déjà « jusqu'à quatre pieds de hauteur et dans les embrasements..... On le frotte tous les jours, disait Dubois; il est d'une absolue nécessité d'y faire du feu tout l'hyver ». Et le comte de Noailles devait s'inquiéter de cette difficile situation, car il craignait qu'un feu immodéré fît éclater ces « ouvrages délicats ». Il fallut que Clérici revînt plusieurs fois à Saint-Hubert, pendant le règne de Louis XV, pour faire des réparations à ce salon ravagé par l'humidité.

Pour cette année 1758, on n'avait point porté de recette particulière sur le Trésor royal, en faveur de Saint-Hubert; on avait préféré augmenter considérablement la recette des *gages et entretiens des Bâtiments*. Elle dépassa d'un million et demi de livres environ la moyenne habituelle, s'élevant à 3,200,000 livres. Saint-Hubert était une cause importante de cette augmentation, car les fonds spéciaux qui lui avaient été attribués en 1755 et en 1757 avaient été tout à fait insuffisants. Il en était résulté de grands retards dans les acomptes à fournir aux entrepreneurs et, par suite, des ralentissements et même une interruption momentanée des travaux.

Maintenant, on achevait les appartements du pavillon principal. Bachelier peignait un dessus de porte pour l'appartement du Roi (1). Caffiéri fournissait quelques bronzes dorés; Trouard, ses marbres.

(1) Il reçut 3,300 livres pour le plafond du salon et pour ces dessus de porte. — Comptes des Bâtiments, O¹ 2259.

Les glaces étaient répandues avec une certaine profusion. Cependant, les appartements de Saint-Hubert ne reçurent pas immédiatement une décoration luxueuse ; ce ne fut que lorsque Louis XV et Mme de Pompadour eurent trouvé du charme dans la fréquentation de ce château qu'on l'accrut et qu'on l'embellit.

Le Roi y logea, pour la première fois, à son voyage du 26 juillet 1758. « Il est arrivé, dit Barbier, un courrier à Versailles, dans l'après-midi. Le Roi étoit parti pour la chasse et pour aller coucher à son nouveau château de Saint-Hubert, pour la première fois. Le courrier a remis son paquet à M. le maréchal de Belle-Isle, ministre de la Guerre, qui l'a ouvert. Lui et M. le comte de Bernis ont été en rendre compte à Mme la marquise de Pompadour, qui s'est chargée d'en instruire le Roi et qui est partie sur les cinq heures pour Saint-Hubert, où elle devoit se rendre pour souper... »

Il manquait beaucoup aux commodités des voyages royaux. M. le comte de Noailles intervint auprès du marquis de Marigny à ce sujet. Mais il ne put obtenir la buanderie qu'il désirait à Saint-Hubert ; il lui fallut se contenter d'un bateau-lavoir, sur les étangs, comme celui qu'avait le service de la Reine sur la pièce d'eau des Suisses, à Versailles.

En 1759 furent terminés les logements des ailes.

Le jardinier et l'infirmier de Saint-Hubert ne trouvèrent point encore place dans les communs ; on continua de payer, pour le premier, 300 livres de loyer, pour sa pépinière et son logement, et, pour le second, 60 livres, pour une masure située à la Haye-aux-Vaches.

L'existence d'une infirmerie et l'inscription, aux Comptes des Bâtiments, de frais de médicaments pour les ouvriers blessés pendant la construction du château, prouvent moins les sentiments d'humanité des officiers royaux que le besoin de se tirer d'affaire aux yeux du Roi, en cas d'accident. Il arriva, en novembre 1758, au contrôleur Dubois, de s'adresser à M. de Marigny, en vue de l'intéresser au sort d'ouvriers blessés; le marquis lui répondit : « Les tems sont trop malheureux et trop difficiles, Monsieur, pour que je puisse soulager les ouvriers qui ont eu le malheur de se blesser; c'est aux entrepreneurs sous qui ils travaillent à voir ce qu'ils peuvent faire pour eux en ce cas... »

Le Roi revint à Saint-Hubert au mois de mars (16 mars 1759). Il manifesta sa satisfaction de l'achèvement de nouveaux appartements, qui allaient lui faciliter de plus fréquents voyages. Nous trouvons deux de ces voyages notés dans le *Journal* de Barbier, en l'année 1759 :

« M. le comte de Clermont est de retour ici depuis le 15 ou 16 juin. Il a été trouver le Roi à sa maison de Saint-Hubert, où il y avoit un petit voyage de deux jours. Comme il n'y avoit là qu'une douzaine de personnes, on n'a pas su positivement quelle avoit été sa réception de la part du Roi... »

Cette observation du mémorialiste n'est rien moins qu'une révélation : si Saint-Hubert a été une maison royale moins connue que la plupart des autres, c'est bien, ainsi que nous l'avons dit déjà, que la Cour y était plus à l'abri des indiscrets. Voilà ce qui explique que Louis XV, fuyant l'atmosphère de commérage de Versailles, ait apprécié la tranquillité et l'abandon relatif que lui procurait Saint-Hubert.

Barbier parle ainsi du second voyage du Roi :

« Juillet 1759. — ... Le Roi étoit venu de Versailles à Marly passer la revue seulement, et il s'en est retourné après à sa maison de Saint-Hubert, pour y passer quelques jours... »

.*.

En vue des commodités du service, à Saint-Hubert, on avait loué, dans le voisinage, la maison de l'Artoire, propriété décorée par la gent villageoise du titre de *château*. Son ancien nom était la *Ritoire*. L'Artoire appartenait au duc de Penthièvre, qui avait bien voulu le louer au Roi, avec la ferme attenante, mais à la condition qu'ils seraient pris en leur état, sans réparations.

En 1760, l'Artoire fut acquis moyennant 28,000 livres, que le comte de Noailles paya sur le domaine de Versailles. Il obtint du Roi l'ordre que les réparations de l'Artoire passeraient à la charge du service des Bâtiments, comme dépendance du château de Saint-Hubert, et il s'empressa d'écrire au marquis de Marigny pour le prier de faire commencer les travaux. L'état des réparations nécessaires (1) énumère : L'escalier qui monte aux appartements à refaire; un autre escalier à réparer; les bâtiments et la couverture de la ferme à réparer· le colombier à recouvrir; les deux jumelles à rétablir au pressoir; la chaussée de l'étang à reconstruire; une écurie à « arranger » pour six chevaux et « rétablir celle des trois chevaux qui mènent les voitures pour l'eau journellement pour la maison »; construire deux remises « pour la voiture de M. le Gouverneur et la gondole des officiers du Roy ». L'estimation de ces réparations montait à 8,909 livres; elles furent autorisées par un bon du Roi.

En 1763, on travailla de nouveau à l'Artoire. D'abord, on procéda à la réfection du jardin potager, d'une superficie de 2 arpents et 20 perches. Il fut planté en cerisiers et en fraisiers. Le marquis de Marigny ne voyait point l'utilité de ce potager, puisqu'il en existait un à Saint-Hubert; il avait donné l'ordre de le détruire. Le comte de Noailles réclama, craignant que cette destruction ne diminuât la valeur de la propriété : « ... Car je ne vous cacherai pas, lui écrivait-il, que mon projet est, quand l'avant-cour de Saint-Hubert sera finie, de tâcher de vendre cette maison qui nous coûte plus de 34,000 livres et ne nous procure que des commodités pour la suite du Roy. Si vous me demandez dans le temps un pot-de-vin pour les Bâtimens, pour l'avoir bonifiée, je n'y mettrai pas d'opposition. »

(1) En date du 7 juin 1760. — Archives nationales, O¹ 1738.

A ce moment, le comte de Noailles demandait encore en faveur de l'Artoire une nouvelle grange « pour remplacer celle qui tombe (1) » et l'installation de plusieurs logements. Un bon du Roi autorisa la construction de la grange neuve et une écurie sur un devis de 1,291 livres, et un autre, l'établissement de trois logements de seigneurs, pour obvier à l'insuffisance de ceux de Saint-Hubert. En envoyant ce dernier bon du Roi au marquis de Marigny, le comte de Noailles écrivait : « Le Roy m'a permis, mon cher marquis, de vous envoyer la petite note ci-jointe. Je vous demande en grâce d'en parler à Sa Majesté à votre prochain travail. Tous les jeunes seigneurs partent pour leur régiment et seront revenus pour les voyages de Saint-Hubert, au mois de may ; de là, le pauvre gouverneur sera persécuté (2)... »

L'année suivante (1764), des murs de clôture et un hangar furent refaits ; en 1765, on fit une buanderie et une fourrière.

L'étang de l'Artoire avait été comblé. Les terres se tassèrent, et, en 1769, on dut rapporter de nouveau des terres pour se délivrer du marécage qui s'était formé.

Nous revenons au château de Saint-Hubert pour en suivre l'état, à partir de 1760. Nous sommes en pleine guerre de Sept ans et la situation financière du royaume n'est pas brillante. Dans les lettres du marquis de Marigny et de Gabriel, il est question de « malheurs des temps » et de remises de travaux après la guerre. C'est le village en formation, devant le château de Saint-Hubert, et son presbytère qui, seuls, occupent le service des Bâtiments, en cette année 1760. Le presbytère vient d'être terminé ; on propose d'y ajouter une écurie, une remise et un poulailler. Mais le contrôleur Dubois

(1) Archives nationales, O¹ 1739.
(2) Ibid., O¹ 1751.

et, après lui, Gabriel n'en voient pas la nécessité jusqu'à ce qu'il y ait des paroissiens et que le desservant soit remplacé par un curé.

La première distribution de terrains destinée à créer un village à Saint-Hubert remonte au 2 septembre 1760. Le bon du Roi accorde sept terrains restés libres après la construction du château et des avenues :

« Nº 1. — Le sieur Porchon, entrepreneur des bâtiments du Roi, 1 arpent ;

« Nº 2. — Le sieur Coquelin, entrepreneur des bâtiments du Roi, 2 arpents ;

« Nº 3. — Le sieur Briant, entrepreneur des bâtiments du Roi, 82 perches 1/2 ;

« Nº 4. — Le sieur Blanchet, concierge, garde-meuble du château, 2 arpents ;

« Nº 5. — Le sieur Dupois, ayde ordinaire du gobelet-pain, 50 perches ;

« Nº 6. — Le sieur Clicot, entrepreneur, 50 perches ;

« Nº 7. — Le sieur de Vienne, garçon du garde-meuble du château, 22 perches. »

Aucun des favorisés n'appartenait au commerce, ni à une de ces industries qui s'implantent dans un lieu et en font la prospérité. Leur existence était liée au château, dont les travaux ou le service les faisaient vivre.

En octobre 1760, les aqueducs qui apportaient l'eau de l'étang de Saint-Hubert furent prolongés sous la terrasse du château. A cette même époque, on commanda les arbres destinés au jardin du presbytère (pêchers, poiriers, pommiers) et 208 marronniers d'Inde pour remplacer les tilleuls qu'on avait plantés dans la cour du château et sur les terrasses. Il en fallait 160 « des plus forts, de 10 à 12 pouces de tour, pour les quinconces, et 48 pour les deux allées de la cour ». Le remplacement d'une partie des ormes des avenues en exigeait 80. Le tout à exécuter en février 1761.

Une demande de fonts baptismaux, présentée par le sieur Sevestre à Gabriel, nous permet de connaître le desservant de la petite église de Saint-Hubert en 1761. L'architecte du Roi lui envoya des fonts inutilisés, provenant de Choisy.

Les travaux du château se limitent à une transformation de l'appartement du comte de Noailles, situé au premier étage, qui voulut avoir auprès de lui M. de Duras, son secrétaire.

Louis XV continuait à venir souvent dans la forêt de Rambouillet. Le *Journal* de Barbier dit :

« Mai 1760. — Le Roi fait toujours des voyages de Versailles à Saint-Hubert et de Saint-Hubert à Choisy. Il se porte bien et est toujours gai quand il est hors de Versailles. Il est à présent à Saint-Hubert, jusqu'au samedi 24, lui vingtième et trois femmes, et il fait actuellement bâtir une paroisse à Saint-Hubert... »

« Juillet 1760. — Le Roi n'est pas trois jours à Versailles dans la semaine. Il se dissipe en chassant, par des voyages à Saint-Hubert, à Choisy ou à Bellevue. Il y a ordinairement trois dames et dix-neuf ou vingt seigneurs de ces voyages... »

« Juillet 1761. — Mercredi 8, les princesses ont été souper avec le Roi à Saint-Hubert, où il est jusqu'à vendredi, et lui conter leur belle promenade. »

« Jeudi 16, on a levé la grande audience à neuf heures et demie, parce que M. le premier président et deux présidents sont partis à dix heures pour se rendre à Saint-Hubert, où est le Roi, suivant un ordre apporté hier à M. le premier président, à onze heures du soir. Il y a dix lieues de Paris : ces messieurs ont quatre relais pour revenir ce soir. On ne sait pas le sujet de cet ordre ; il y a apparence que c'est par rapport aux édits, attendu le besoin d'argent... »

Saint-Hubert ne se ressentit pas trop de ce besoin d'argent. Il était en grande faveur chez Louis XV et chez Mme de Pompadour ; on le mit à la hauteur de l'estime qu'on en faisait.

Un historiographe de la marquise de Pompadour, Capefigue,
a dit : « Au milieu des péripéties de la guerre, de ses ha-
sards, de ses soucis et de ses revers, une des grandes préoc-
cupations de Mme de Pompadour, c'était de distraire le Roi,
de l'enlever au poids de ses propres pensées, à la monotonie
de son esprit ennuyé. Le Roi n'avait plus qu'une passion, la
chasse, ou, pour parler plus exactement, la nécessité de
voyages et de déplacements qu'elle entraînait. Ses rendez-
vous de chasse étaient devenus des palais, et, dans le dernier
temps de la marquise, le Roi paraissait spécialement affec-
tionner le pavillon de Saint-Hubert (le mobilier en était fort
riche et avait coûté 800,000 livres.....). »

Les voyages de la Cour étaient devenus, en effet, tellement
fréquents à Saint-Hubert, que Barbier, dans son *Journal*, se
lasse de les enregistrer l'un après l'autre ; il n'en fait plus
qu'un bloc : « Mai 1762. — Il y a encore neuf voyages du Roi
à son château de Saint-Hubert pour cet été, outre les deux
qu'il a faits depuis quinze jours. »

On dota la résidence, en cette année 1762, d'une poste,
dont le bâtiment fut construit à l'angle de la route de Rambouillet et de celle qui conduisait au château de Saint-Hubert.
L'entrepreneur Coquelin se chargea de tous les travaux,
moyennant 8,000 livres (1).

A la fin du mois d'août, on entreprit le pavage de la cour
du château (2). En même temps, les quinconces et la terrasse
du Roi, sur les bords de l'étang, furent remaniés.

---

(1) Archives nationales, O¹ 1739.

(2) Pour préserver le pavé neuf, on ferma ensuite la grille et on y
mit un cadenas. Le comte de Noailles écrivit à ce sujet : « Je ne puis
qu'approuver cette précaution... mais j'ai une observation à faire à ce
sujet : nous avons une fontaine en dedans qu'on est obligé de remplir
tous les jours d'eau que j'envoie chercher au Fargis, ce qui est très
essentiel, l'eau de l'étang étant très malsaine à boire... Si la voiture ne
peut rentrer, il en coûtera fort cher en journaliers, parce qu'il faudra
faire ce service à bras... » Il proposa l'emploi d'un tuyau allant du
dehors à la fontaine.

.

Mais, en 1762, l'attention se détache des bâtiments pour se porter sur le superbe mobilier dont on vient d'enrichir le château de Saint-Hubert. Il est composé de tapis de la Savonnerie, de magnifiques bronzes et de meubles précieux, dont la description jette quelque lumière sur l'histoire des arts, en démontrant notamment que Mme de Pompadour a bien été l'inspiratrice du style Louis XV, si différent par son élégance et sa simplicité du style rococo, qu'on a appelé style Pompadour, parce que ce style étant en vogue au temps de son triomphe sur le cœur du Roi, la marquise en avait accepté, pendant un temps, toutes les exagérations. Nous ne trouvons pas à Saint-Hubert de meubles à formes bizarres ; la marquise y a renoncé. Les pièces de belle ébénisterie valent au contraire par la rareté des bois employés, par des formes plus simples et par un meilleur goût dans la distribution des ornements de cuivre doré, dont le relief et les dimensions ont considérablement diminué.

L'inventaire de Saint-Hubert, en 1762, nomme avec le mobilier les principaux titulaires des appartements : le Roi, Mme de Pompadour, Quesnay, le comte de Noailles, M. de Duras, le duc de Choiseul, M. d'Estissac, Gabriel.

L'appartement du Roi était situé au premier étage et composé d'une chambre et d'un cabinet.

Dans la chambre du Roi, l'ameublement était de damas cramoisi, garni d'un grand et d'un petit galon d'or : quatre pièces de tapisserie « contenant ensemble vingt lez sur trois aunes et demie de haut » pour les fenêtres ; un morceau de deux lés sur 3 pieds 8 pouces de haut pour la porte. Le lit « en baldaquin, à calotte à la royale », était composé « du dessus de ladite calotte, trois pentes en dehors et quatre pentes en dedans, grand dossier, deux dossiers chantournez, deux bonnes grâces..... le tout garni desdits deux galons et frange d'or ». L'entour du lit, de dix lés de large, en gros de

Tours cramoisi bordé d'un petit galon d'or avec deux tresses et leurs glands. Et pour la garniture du lit, cent douze plumes blanches et cinq aigrettes.

« La couchette à deux chevets, bombée, sculptée, dorée, dont le fond est sanglé, garnie de quatre matelas de laine et de futaine profilez de soie et piquez de capiton cramoisi… un couvre-pied de satin blanc piqué des deux cotez… »

Pour sièges, la chambre du Roi avait deux fauteuils et leurs carreaux, et huit pliants, tous couverts de damas cramoisi. Les fauteuils, de bois sculpté et doré, étaient chamarrés d'un galon d'or et garnis d'un petit galon d'or cloué de clous dorés. Les pliants étaient chamarrés de même et garnis d'une frange d'or.

Cet ameublement se complétait d'un écran à coulisse, d'un paravent à quatre feuilles, d'un marchepied à moulures dorées ; ces trois objets garnis de damas cramoisi. Puis un fauteuil de toilette de bois sculpté et doré, garni de maroquin rouge. Enfin, une portière, en deux parties ; deux rideaux de deux parties chacun, toujours en damas cramoisi, et deux rideaux de fenêtre, en quatre parties, de gros de Tours blanc.

Ce détail des rideaux et des doubles rideaux montre que la chambre du Roi avait deux fenêtres.

Le plancher était recouvert d'un tapis de la Savonnerie, qui mesurait 5 aunes 1/2 sur 4 aunes 1/2 de large. Ce tapis, de fond brun, était « chargé d'un grand compartiment fond jaune, au milieu duquel, dit l'inventaire, est une rose mauresque entourée de fleurs de lys et fleurons ; aux coins et milieu sont six fleurs de lys couleur de bronze entourées de guirlandes de fleurs ; la bordure aussi, couleur de bronze ».

Une pendule garnissait la cheminée. Le cadran d'émail portait le nom de Moysy. Au bas de la cheminée, une grille représentait deux vases et divers ornements.

Pour l'éclairage, deux paires de bras étaient fixées aux murs : des « bras à doubles branches, à feuillages et graines

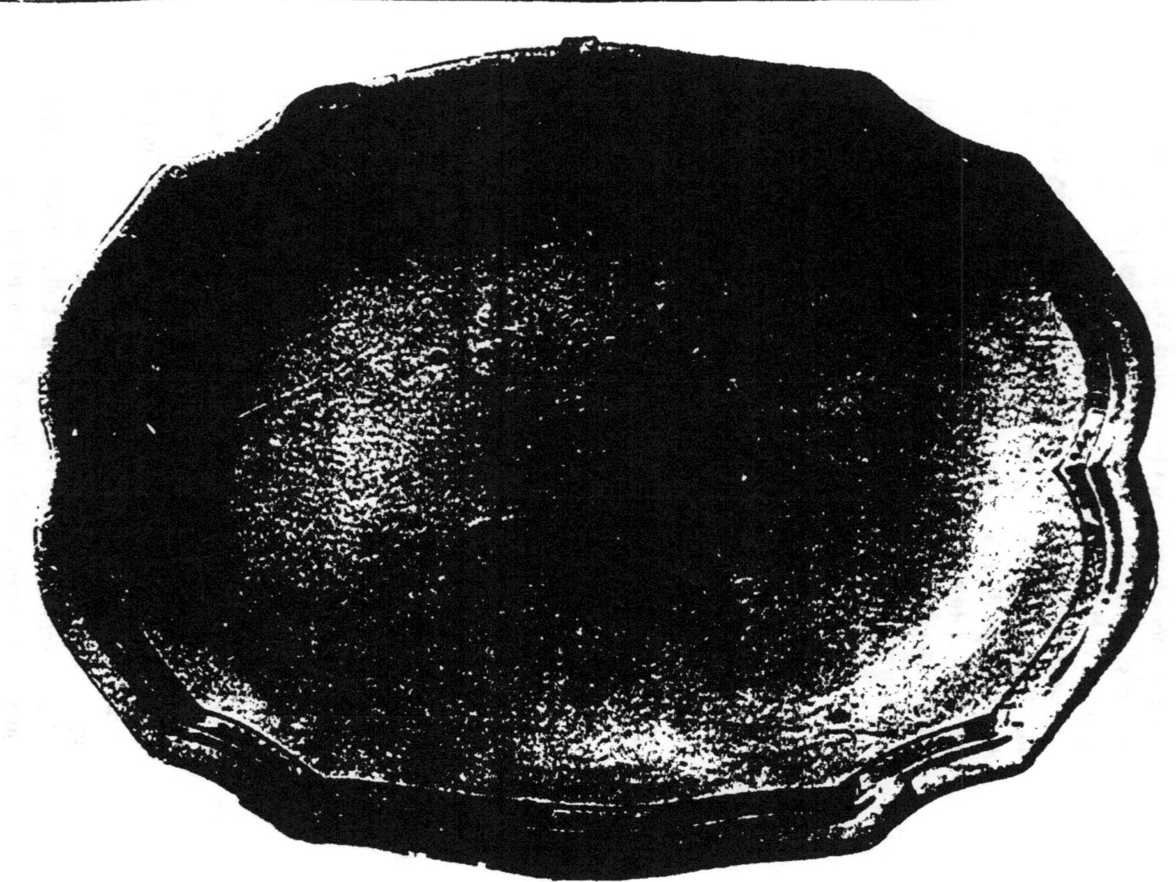

Plat de faïence provenant du château de Saint-Hubert (Collection de M. le comte de Nugent, au château des Mesnuls).

de bronze doré d'or moulu ». Il y avait aussi, dans la chambre du Roi, un chandelier de cristal de Bohême à consoles et six branches, « les fontes dorées, et son cordon de soye cramoisy et or ».

Le mobilier se limitait à une commode et une table de nuit : « Une commode de bois de rose, à fleurs de bois violet et dessus de marbre brèche violet, ayant par devant deux grands tiroirs fermant à clef, enrichie de divers ornements de bronze doré d'or moulu ; longue de quatre pieds huit pouces... »

« Une table de nuit de bois violet et rose, à placages, ayant deux tablettes de marbre brèche d'Alep, ornée de portans et chaussons de bronze doré... »

Au nombre des autres objets compris dans l'inventaire de Saint-Hubert et qui appartenaient à la chambre du Roi, nous reconnaissons encore : « un miroir de toilette de brocart galonné d'or », et « un bénitier d'argent avec têtes d'anges ».

Le cabinet du Roi devait avoir, comme la chambre, deux fenêtres ; l'inventaire porte, au folio 2 : « Deux rideaux de fenêtres en deux parties chacun... de gros de Tours blanc (cabinet du Roy) »; et au folio 29 : « Deux rideaux de fenêtres en deux parties de deux lez chacune, de gros de Tours cramoisy, de quatorze pieds huit pouces de haut, garnis de galon d'or faux (cabinet du Roy). »

Ces deux derniers figurent, avec cinq autres paires de rideaux, à part des autres tapisseries. « Ce sont, dit un *Nota*, les anciens rideaux qui servoient avant le meuble neuf. »

Ainsi, l'on avait modifié l'ameublement de Saint-Hubert, en 1761 ou en 1762, et dans les principaux appartements, le gros de Tours cramoisi avait été remplacé par du damas cramoisi ; exception avait été faite pour le cabinet du Roi.

Nous n'avons pas d'indication relativement aux sièges de ce cabinet qu'on empruntait peut-être à la chambre du Roi. A moins qu'ils ne fussent assez simples, et alors le rédacteur de l'inventaire n'a pas cru utile de mentionner leur destination. C'est le cas, du reste, d'un grand nombre d'objets inventoriés, sans aucune indication de l'appartement ou dè l'hôte auxquels ils étaient destinés.

Il existait dans le cabinet du Roi, à Saint-Hubert, une cheminée sans pendule. Nous en connaissons la grille fort belle, qui représentait « des enfants sous un berceau d'architecture » et figurait l'Eté et l'Automne.

Deux meubles ornaient ce cabinet : un secrétaire et un bureau :

« N° 2163. — Un secrétaire en armoire de bois de rose à fleurs de bois violet, orné de bronzes dorez d'or moulu, ayant par en bas deux portes battans fermant à clef. L'abattant, couvert de velours cramoisy, renferme cinq tiroirs à boutons dont un à droite est garny d'encrier, poudrier et boëte à éponge d'argent n° 417... »

« N° 2171. — Un bureau de bois violet et rose, mosaïques à placages en deux parties dont l'une avec double dessus qui s'abat sur l'autre, ayant par devant deux tiroirs fermans à clef et ornés d'entrées de serrures, pivots, vérouilles, charnières, portans, chutes et chaussons de bronze dorez d'or moulu. Le bureau porte sur huit pieds de biche; long de six pieds, etc. »

C'est le triomphe des menus ornements de cuivre, d'un meilleur goût que la rocaille.

Le Roi avait une troisième pièce, sa garde-robe, située à l'entresol. Trois pièces de tapisserie de papier « peint de figures chinoises » collé sur toile, et attachées sur châssis, la meublaient. Elle renfermait plusieurs meubles intimes de bois de palissandre et deux meubles d'encoignures en bois d'amarante et rose à placages; les dessus de ces meubles et trois tablettes intérieures étaient de marbre vert de Campan, les pieds de bronze doré. Enfin une paire de bras de bronze doré.

Cet inventaire de 1762 désigne encore comme affecté au

Roi : neuf douzaines de serviettes de petite Venise superfine, draps de Hollande, un grand bassin en argent, une bassinoire en argent « dont le dessus est percé de l'écusson des armes du Roy couronnées de fleurs de lys et autres ornemens ». Il faut y joindre quelqu'un des nombreux petits flambeaux et bougeoirs à queue d'argent, décrits sans affectation.

***

Mme de Pompadour avait, comme le Roi, trois pièces au château de Saint-Hubert : deux au premier étage et une garde-robe à l'entresol. L'ameublement de son appartement présente un intérêt particulier. Il avait été choisi avec un goût exquis, discret, distingué. Il était de damas rayé vert et blanc, garni de crête de soie « amortissante ».

« N° 3857. — Un lit à quatre colonnes, deux dossiers et impériale en voûte, composé de son impériale, quatre pentes de dehors et quatre pentes de dedans, quatre rideaux contenant ensemble vingt lez avec quatre tresses de soye, deux dossiers chantournez... »

Il y avait dans cette chambre deux fauteuils et six chaises à dos recouverts du même damas qui meublait le lit, garni de crête de soie. Les bois des sièges étaient sculptés, leurs moulures réchampies vert et blanc.

En outre, un fauteuil en confessionnal sculpté et réchampi, avec son carreau ; un petit tabouret recouvert de damas ; un fauteuil de toilette en hêtre et canne, avec dossier garni de damas. Un écran à coulisse, du même damas des deux côtés. Une portière, un tapis de toilette ; un marchepied recouvert de damas.

« Une niche en tabouret pour deux chiens, couverte dudit damas... ayant en dedans deux matelas de toile blanche... »

Pour les fenêtres, deux rideaux en quatre parties ; chaque

partie de deux lés de gros de Tours blanc, sur 2 aunes 1/2 de haut, bordée d'une crête de soie vert et blanc.

Un autre écran de bois violet massif était recouvert de papier des Indes à fleurs, avec une tresse de soie.

Aucun grand tapis n'est porté avec attribution à la chambre de Mme de Pompadour; son secrétaire, qu'il fût placé dans la chambre ou dans le cabinet, était de bois violet et rose. « Le devant s'abat et forme une table à écrire de maroquin noir, et renferme une trappe et trois tiroirs... garni de chutes, fleurons et chaussons de cuivre doré, long de deux pieds sur quatorze pouces de large. »

Deux commodes de bois de rose et satiné avec mosaïque de placage, dessus de marbre brèche violet, « ayant deux tiroirs par devant fermant à clef, avec entrées de serrures, mains fixes, chutes, fleurons et chaussons de bronze doré d'or moulu; longues de trois pieds et demi sur vingt pouces de large et trente-deux pouces de haut ».

Une table de nuit de bois violet et rose, semblable à celle du Roi.

Attribués à la toilette : une simple chaise de hêtre et canne, garnie de damas; « un bidet à seringue de bois de noyer avec couvercle et dossier de maroquin rouge, cloué de clous dorez, ayant dans le dossier deux flacons de cristal »...

La cheminée avait une grille « représentant de chaque côté un enfant assis, tenant un bouquet (22 pouces) ».

Une paire de bras de bronze à double branche. Rien aux articles pendule, chandelier.

Le cabinet de Mme de Pompadour renfermait une table à écrire de bois de rose et placages de fleurs de bois violet; elle était ornée de serrures feintes, rebords, chutes et chaussons de bronze doré.

Un siège en encoignure; le bois, comme ceux de la chambre. Une chaise avec son carreau. L'ameublement était aussi semblable à celui de la chambre, de damas garni de crête de soie. C'est partout, on le voit, un ameublement sans bizarreries, d'une uniformité de bon goût, avec des étoffes aux couleurs harmonieuses et douces.

Nous remarquons seulement dans la garde-robe quatre tentures du genre de celles que nous avons trouvées dans la garde-robe du Roi : des dessins chinois sur papier collé sur toile.

***

Le gracieux salon de Saint-Hubert avait reçu l'ameublement classique de damas cramoisi.

Il consistait en six demi-bergères chamarrées d'un galon d'or cloué.

Les bois étaient sculptés et dorés. De même étaient : six chaises à carreaux, douze chaises courantes, une chaise pour le Roi, un paravent de quatre feuilles, un écran.

Les rideaux étaient de gros de Tours cramoisi.

La forme et la dimension du tapis indiquent qu'il avait été commandé exprès pour Saint-Hubert. Il sortait de la Savonnerie, était rond et avait 6 aunes 2/3 de diamètre. L'inventaire dit : « ... Au milieu est un grand compartiment fond canelle, au milieu duquel est une coquille moresque, entourée d'une vingtaine de fleurs, et accompagné de quatre compartiments. Le reste du tapis est orné de mosaïque, de quatre fleurs de lys et quatre coquilles. Le tout entouré de guirlandes de fleurs. »

Vingt et une tables étaient destinées aux jeux.

Sur la table de Pharaon, il y avait un grand tapis de velours vert de 9 pieds 1/2 de long, garni d'un galon d'or.

Toutes ces tables étaient fort jolies : la table de trictrac en bois violet et satiné, avec garnitures de cuivre doré; une table de piquet en bois d'amarante à placage...

La grande cheminée était ornée d'une pendule de 20 pouces de hauteur. C'était une pendule de Moysy, de bronze doré.

« Le cadran d'émail dans sa boëte ornée de trophées, terminée en haut par un enfant assis sur un nuage, tenant un paon. »

Une « forte grille » de bronze doré occupait le devant de la cheminée. Elle avait pour décoration une tête de lion et une tête de loup.

****

Les mobiliers du vestibule, de la salle à manger, de la chapelle et de quelques principaux appartements méritent, par leur luxe, d'être décrits. Ils intéressent, d'ailleurs, car les meubles qui les composent servirent plus tard à Choisy, Trianon et Rambouillet.

Le vestibule était recouvert d'un tapis de la Savonnerie. « Fond noir, dit l'inventaire, au milieu duquel est une rose moresque accompagnée de quatre coquilles et entourée de guirlandes de fleurs ; aux bouts sont deux cartouches de fleurs et de fruits. » On y avait placé un paravent de 9 pieds de haut et de quatre feuilles, qui était également un ouvrage de laine de la Savonnerie : de fond jaune, avec un cartouche bleu, au milieu duquel, sur chaque feuille, était tissé un oiseau différent et, au-dessus, un vase de fleurs. Le revers était de peluche pourpre garnie d'un galon de soie jaune.

Pour éclairer, on avait suspendu une grande lanterne de bronze ciselé à six pans, avec glaces, et à six bougies.

La salle à manger avait une lanterne de bronze ciselé, à peu près semblable, avec neuf bougies ; deux paravents à six feuilles, en tapisserie de la Savonnerie, l'un orné de divers oiseaux, comme celui du vestibule, l'autre montrant une collection de perroquets ; trente chaises de velours d'Utrecht cramoisi, dont le bois avait une moulure vernie ; l'une de ces chaises, de plus grandes dimensions, servait pour le Roi ; enfin, une grande grille de bronze doré.

Dans la chapelle, qui avait reçu le *Saint Hubert* de Carle Vanloo, les objets du culte et les ornements d'autel étaient d'argent ou de bronze argenté. Les sièges se composaient :

d'un fauteuil doré pour le Roi, quatre prie-Dieu et trois ban-
quettes, le tout garni de velours d'Utrecht. Les chasubles et le
linge ne manquaient point de richesse ; cependant, le Roi avait
sacrifié davantage pour l'église paroissiale, dont l'argenterie
et les ornements étaient beaucoup plus nombreux et plus
luxueux que dans la chapelle du château. Le dais de l'église
paroissiale figure au nombre des principaux objets, ainsi
qu'une curieuse bannière de damas de Gênes, tissé d'or faux
sur fond doré, représentant saint Hubert « ayant derrière lui
son cheval et son chien ».

Dans les appartements des seigneurs, les lits étaient généralement à quatre colonnes, quelques-uns à baldaquin, d'autres en niche. Il n'y avait là de véritablement intéressant que
les meubles d'ébénisterie. M. de Duras avait « une commode
à la Régence, de bois violet, à placages et dessus de marbre
brèche... avec entrées de serrures, chutes et mains fixes de
cuivre en couleur d'or. — Une table à écrire de bois violet et
rose, à placages de mosaïque »...

Quinze commodes, plusieurs tables et secrétaires, des
bureaux, gradins, encoignures, figurent à l'inventaire comme
meubles précieux, dans les principaux appartements. Mais
on ne rencontre nulle part de ces ornements qui égayent les
chambres : petits tableaux, faïences d'art, etc., à moins que
les titulaires n'en aient fait l'apport personnel et qu'ainsi l'inventaire n'ait point eu à les citer. Cependant, la part faite à
l'argenterie et aux bronzes est très large. Saint-Hubert possède dix-sept bougeoirs ou flambeaux d'argent, quatre-
vingt-un de cuivre argenté, cent vingt-quatre de cuivre
jaune ciselé, quinze paires de bras à doubles branches de
feuillages, de bronze doré. Puis, parmi la multitude des
objets pour l'usage domestique, de ces pièces d'argenterie
et de chaudronnerie fort recherchées aujourd'hui par les
curieux : fontaines sablées, bassinoires, bassines, etc.

Aussi longtemps que dura la faveur du château de Saint-Hubert, son mobilier resta à peu près le même. Nous retrouverons, dans la suite, la chambre du Roi décrite telle qu'à l'inventaire de 1762; et lorsque le caprice de Louis XVI tranférera le rendez-vous des chasses royales dans les Yvelines, à Rambouillet, nous reconnaîtrons, à leur départ, les principaux meubles dont il vient d'être parlé. Toutefois, un des plus intéressants de ces mobiliers aura quitté Saint-Hubert dès mai 1765, celui de Mme de Pompadour, morte un an auparavant. Il fut envoyé au garde-meuble de Paris.

* *

Il faudrait ajouter à la description du mobilier celle des ouvrages décoratifs des appartements : marbres, sculptures, bronzes, glaces. Nous n'avons rien qui le permette; cependant, à défaut, les noms des fournisseurs et les sommes payées nous sont des indications générales suffisantes pour affirmer leur importance, leur beauté ou leur valeur artistique. Ces ouvrages sortaient de chez les mêmes fournisseurs ou des mains des mêmes artisans que ceux du château de Versailles, où on a pu les juger. Les sculptures des appartements de Saint-Hubert étaient de Rousseau; son compte s'élevait, en 1762, à 8,613 livres 12 sols (1). Les marbres de Trouard montaient, à la même époque, à 21,384 livres 13 sols et les glaces dues aux intéressés de la manufacture à 11,683 livres 5 sols. La dorure de Gobert lui valut, en 1762, un acompte de 5,000 livres. Les bronzes de Caffiéri, fournis en la seule année 1758, coûtaient 6,658 livres. Le Vasseur avait travaillé aussi à des sculptures pour Saint-Hubert; il reçut 962 livres en 1758.

On conçoit qu'une décoration à laquelle avaient été consacrées ces sommes, avec des fournisseurs aussi réputés, ait préparé un digne cadre au précieux mobilier que nous avons

(1) Comptes des Bâtiments, O¹ 2262.

décrit, et donnait aux appartements de Saint-Hubert une suprême élégance. Et on s'explique que ce milieu ait été d'un grand attrait pour Mme de Pompadour qui l'avait ordonné, qui y avait heureusement traduit son goût particulier.

°°°

De la fréquence des voyages de la Cour à Saint-Hubert, et de sa faveur même, naquirent de petites difficultés touchant la vie pratique; le comte de Noailles eut à y remédier. De là une correspondance avec M. de Marigny et la demande d'une quantité de bons du Roi pour des travaux secondaires, tant au château de Saint-Hubert qu'à la maison de l'Artoire. Un nouveau bassin pour laver le linge rendit le bateau des étangs inutile; une pompe foulante envoya l'eau aux cuisines; une cerisaie fut plantée à l'Artoire, en janvier 1763; puis, dans cette dernière maison, on reconstruisit une grange; enfin, on aménagea des logements pour trois seigneurs, car le château de Saint-Hubert ne suffisait pas aux invités du Roi, par suite de l'attribution d'appartements à de grands seigneurs qui en devenaient les titulaires. Le comte de Noailles, en proposant d'utiliser l'Artoire, écrivait au Roi : « Il y aura sûrement plusieurs seigneurs qui demanderont à chasser et à suivre Votre Majesté à Saint-Hubert. Il n'y a, dans ce château, de logement que pour le service. L'on pourroit faire accommoder et meubler trois logements à l'Artoire. »

Et en envoyant à M. de Marigny le bon du Roi pour les travaux de ces trois nouveaux logements, le comte de Noailles, obsédé par les solliciteurs désireux de suivre le Roi à Saint-Hubert, disait, le 16 janvier 1763 : « Tous les jeunes seigneurs partent pour leur régiment et seront revenus pour les voyages de Saint-Hubert au mois de may; de là, le pauvre gouverneur sera persécuté. »

Ce voyage de mai 1763 est le dernier qu'ait enregistré le *Journal* de Barbier :

« On disait dans Paris qu'il devait y avoir un lit de justice à Versailles le 21 ; mais cela est bien difficile, attendu que le Roi est parti le 17 pour Saint-Hubert, d'où il ne doit revenir que vendredi, 20, au soir. »

*
* *

Aux Comptes des Bâtiments se trouvent inscrites deux sommes formant un total de 4,250 livres pour le paiement à l'horloger Paute « d'une horloge horizontale qu'il a faite et fournie pour le service du château de Saint-Hubert, pendant l'année 1763 ». Il y eut, cette même année, deux accroissements au château. L'avant-cour, qui n'était que dessinée, fut fermée de murs, tandis que deux pavillons s'élevaient à l'entrée.

Les lettres du contrôleur Dubois qui traitent de ces constructions sont des mois d'août et octobre 1763. « Les pavillons d'entrée de l'avant-cour s'avancent, dit-il à la date du 4 août ; l'on va poser la charpente du comble du pavillon de gauche en entrant et l'on commence à poser le second plancher du pavillon à droite... » De plus, on flanquait le château de deux petits pavillons, désignés quelque part sous le nom de « pavillons à l'italienne ». La même lettre de Dubois, que nous venons de citer, dit plus loin : « La fouille des deux pavillons du chasteau sera finie cette semaine ; nous commencerons lundi les fondations. »

En 1764, rien de marquant ne fut fait dans les bâtiments de Saint-Hubert : on dépensa quelques milliers de livres pour les bâtiments d'une basse-cour qu'on adossa aux cuisines, en dehors et à gauche de la cour du château. On accrut le nombre des glaces qui ornaient les principaux appartements : celui de Mme de Pompadour en reçut 10. Le cabinet du Conseil et la porte donnant dans la chambre du Roi en eurent 64 de 14 pouces 1/2 sur 12 pouces 1/2.

L'année suivante, on commença l'aile droite de l'avant-cour en se limitant d'abord aux bâtiments destinés à loger le chapelain, le chirurgien, la maréchaussée, qu'on allait établir à Saint-Hubert, et une écurie pour 42 chevaux. On s'arrêta après une dépense d'environ 52,000 livres. Ainsi, ce n'était toujours qu'à grand'peine que le désir du Roi de créer de plus en plus de commodités à Saint-Hubert se réalisait. L'architecte Gabriel se voyait dans l'obligation de demander le renvoi à d'autres temps de certains travaux, pour lesquels l'argent manquait. Le comte de Noailles insistait, au contraire, pour qu'on fournît des fonds supplémentaires qui correspondissent aux accroissements que recevaient les projets pendant leur exécution. Le 12 mars 1765, il présentait au travail du Roi une note ainsi conçue : « Je supplie très humblement V. M. de me permettre de lui représenter que tant que M. le Controlleur général n'assurera pas un fond fixe et permanent pour les bâtiments, il ne sera pas possible d'entamer aucun ouvrage... »

La décoration par les glaces, dont nous avons parlé, n'allait pas seule. Rousseau touchait un acompte de 1,500 livres pour les sculptures qu'il faisait à ce moment.

La mort de Mme de Pompadour, en 1764, n'enleva rien de la faveur dont jouissait Saint-Hubert dans l'esprit du Roi. Pour n'y point ressentir le vide que la perte de sa maîtresse faisait auprès de lui, il effaça de suite ce qui pouvait rappeler son absence : l'ameublement et le mobilier de l'appartement de la marquise partirent pour le garde-meuble de Paris un mois après la mort de celle-ci.

Louis XV continua à venir à son rendez-vous de chasse aussi assidûment. Il est fort peu probable qu'il y goûtât le même charme qu'au temps de la marquise de Pompadour. Cependant, aucun ralentissement dans les travaux, aucun abandon ne fut le résultat de la disparition de celle qui avait été l'inspiratrice de Saint-Hubert.

Les 5 et 6 octobre 1765, une tempête occasionna beaucoup de dommages au château. Leur réparation fut suivie, en 1766, de l'achèvement de la partie d'aile destinée à loger le chapelain, le chirurgien et la maréchaussée et de l'exhaussement des deux petits pavillons à l'italienne. On manquait toujours de logement pour les maîtres.

Le comte de Noailles avait adressé au Roi un mémoire à ce sujet :

« Il est absolument nécessaire que Votre Majesté ait la bonté de penser à l'arrangement des logements de Saint-Hubert pendant les voyages pour qu'on y puisse travailler d'abord qu'ils seront finis.

« Le comte de Noailles et le marquis de Duras sortent du château après les voyages de 1766; ainsi on peut tirer partie de ce logement et demi.

« Il n'y a que trois logements de dames et Votre Majesté en mène quelquefois cinq ou six.

« M. le prince de Condé, comme grand-maître, y a un logement très médiocre.

« M. le duc d'Orléans et M. le duc des Deux-Ponts iront sûrement tous les ans, et les jambes du premier prince du sang ne paraissent pas assez bonnes pour le second étage.

« M. le marquis de Marigny demande qu'on augmente son logement au château, n° 19. Il est vrai qu'il est très près de son valet de chambre et de son laquais.

« M. de Montagnac et MM. les écuiers de la Petite Écurie ont aussi un grand désir de changer.

« Le s. Antoine, porte-arquebuse, désireroit aussi une chambre.

« L'on propose mettre l'horloge à la boulangerie; l'on assure que cela est plus commode pour le service.

« V. M. est très humblement suppliée d'avoir à donner des ordres... »

Suit un état des logements « nécessaires et indispensables » pour le service, réclamant vingt-deux chambres ou logements.

En post-scriptum : « Je vous prie de me mander si le logement de M. le prince de Beauvau peut être habité par lui jusqu'au 15 novembre. »

Certainement, ce fut à la suite des observations présentées
par ce mémoire que le Roi, voulant en finir avec les insuffi-
sances de logement à Saint-Hubert, se détermina à achever
les ailes de l'avant-cour du château de Saint-Hubert.

Un changement se produisit alors dans l'administration de
Saint-Hubert : le contrôleur Dubois, dont la correspondance
nous a permis de connaître par le détail les travaux de construction du château de Saint-Hubert, et qui s'y intéressait
avec une grande conscience, est remplacé par de Marne. Les
lettres de celui-ci auront moins de précision et marqueront
moins d'attachement aux constructions dont il a le soin.

De Marne débuta, pourtant, par une petite découverte fort
précieuse, une source de très bonne eau dans le voisinage de
l'étang de Saint-Hubert, au milieu « des jeunes plants » de
Mmes de Port-Royal. On dépensa 2,000 livres pour recueillir
cette eau dans un réservoir, et elle remplaça dans la consom-
mation celle qu'on allait chercher au Fargis.

De Marne eut à surveiller, en 1769, la construction d'une
aile nouvelle, du côté des cuisines, pour laquelle le Roi avait
ordonné 20,000 livres. C'est le prélude des grands travaux
qui achèveront le Saint-Hubert rêvé par Louis XV. On ter-
minera l'aile droite de l'avant-cour et on entreprendra l'aile
gauche.

Pour se rendre compte de leur utilité, il faut connaître l'importance considérable des équipages de chasse du Roi :
grande meute, petite meute, vautrait, louveterie. Les écuries
et remises de Saint-Hubert avaient jusque-là compté pour peu
dans l'abri à donner à tous ces équipages qui continuaient à
être logés en grande partie dans les communs du duc de Penthièvre, à Rambouillet, et dans les bâtiments royaux dits « le

Château », à Saint-Léger-en-Yvelines. Cette division constituait une gêne que le Roi aurait désiré voir disparaître.

**

Avant de décrire les travaux des ailes de l'avant-cour, nous nous arrêterons pour citer une lettre du contrôleur de Marne au sujet d'ouvrages demandés à Saint-Hubert par la nouvelle maîtresse du Roi, Mme Du Barry. On sait qu'elle fut toujours méprisée à la Cour. On va voir que le petit personnel lui manquait de fidélité.

A la date du 1er octobre 1770, de Marne écrit ce qui suit au directeur général des Bâtiments : « Vous trouverez ci-joint... un devis estimatif d'ouvrages que Mme la comtesse du Barry m'a demandé au dernier voyage de Saint-Hubert. Quand le Roy fut parti, elle me fit monter chez elle et me dit de luy faire faire les ouvrages mentionnés au présent devis ; je lui dis que j'allois avoir l'honneur de vous écrire à ce sujet et que j'attendrois vos ordres ainsy qu'une ordonnance de la somme à quoy pourroit monter cette dépense, nos entrepreneurs ne pouvant plus travailler sans secours. Elle me répondit que si l'on ne m'en envoyoit pas, qu'elle m'en donneroit. Je finis en lui disant que j'aurois l'honneur de luy faire voir ma réponce. C'est pourquoy je prie M. le Directeur général de vouloir bien me la faire en conséquence, afin qu'elle ne puisse pas me taxer de mauvaise volonté. »

**

Le 21 octobre 1771, le Roi donnait l'ordre de compléter les travaux entrepris en 1768, et dont l'ensemble devait former l'aile gauche de l'avant-cour du château de Saint-Hubert. Le devis estimatif s'élevait à 282,138 livres. Il était ainsi libellé :

« Devis estimatif des ouvrages de maçonnerie, charpente, couverture, menuiserie et autres qui sont à faire au château de Saint-Hubert pour la construction de l'aile neuve, côté des cuisines, et faisant retour, allant regagner le pavillon de la boulangerie.

« Par l'ordre de M. de Marigny, commandeur des ordres du Roy, directeur et ordonnateur général des bâtiments, jardins, arts, académies et manufactures de S. M., sous le contrôle du Sr de Marne.

« Savoir :

« L'aile du côté de la pièce d'eau en 33 toises 3 pieds de long à prendre du pavillon de la pâtisserie jusqu'au pavillon de l'angle sur 33 pieds de large des hors-d'œuvre des murs de face, formant corps et avant-corps dans le milieu ; consistant en un rez-de-chaussée avec un étage au-dessus pratiqué dans le comble à la mansarde, au-dessous dudit rez-de-chaussée, des caves dans toute la longueur de ladite aile, avec corridor de dégagement, et au-dessous de la cage de l'escalier, une fosse d'aisances.

« Ensuite un pavillon formant l'angle en 6 toises de long sur 6 toises de large à prendre du hors-d'œuvres des murs de faces, contenant (sic) en un rez-de-chaussée et deux étages au-dessus dont un quarré et l'autre pratiqué dans la mansarde, avec caves au-dessous dudit pavillon.

« Une autre aile en retour allant regagner le pavillon de la boulangerie, en un rez-de-chaussée et un étage au-dessus pratiqué dans le comble à la mansarde au-dessus, en 15 toises 3 pouces de long sur 33 pieds de large des hors-d'œuvres des murs de faces.

« Deux autres petits bâtiments dans la longueur de la cour des bâtiments désignés, pour former une cour du commun et celle des écuries, avec passage de communication desdites cours, lesquels bâtiments ont ensemble 10 toises 3 pieds 3 pouces de long.

« Sur 32 pieds 3 pouces de large, le tout du dehors œuvres des murs de face, contenant un rez-de-chaussée seulement... »

Nous avons reproduit en détail ce devis, parce qu'en décrivant les bâtiments d'un côté de l'avant-cour, il nous permet de connaître à peu près ceux de l'autre aile, celle dont la fondation remontait à 1764 et qui était symétrique, d'après les plans qui nous sont restés.

Pour se faire une idée de l'importance de ces constructions, qui n'avaient rien, d'ailleurs, de monumental et qu'on appela simplement des « basses-cours », il suffit de traduire les toises en mètres et d'additionner les longueurs des divers bâtiments. Chaque basse-cour avait une aile de 66 mètres, un pavillon d'angle de 12 mètres et une aile en retour de 30 mètres, soit au total un développement de 108 mètres de bâtiments de chaque côté de l'avant-cour.

Les travaux furent poussés particulièrement en 1772, mais non point finis. Ils l'étaient à peine en 1774, à la mort de Louis XV.

Terminé, le château de Saint-Hubert offrait une disposition générale imitée de l'entrée du château de Versailles ; une première grille, flanquée de pavillons, s'ouvrait sur une avant-cour entourée de bâtiments de service ; une seconde grille fermait la cour principale, garnie de deux rangées de tilleuls, au fond de laquelle se trouvait le château. Il avait occasionné alors, pour les constructions seulement, une dépense d'environ 5 millions de livres.

Nous n'avons pas essayé de relever tous les voyages qu'y fit Louis XV ; ils furent très nombreux. Un manuscrit (1) de la Bibliothèque nationale, intitulé : « Etat des chasses du cerf que la vénerie du Roy a faites », en note cent vingt dans la forêt de Rambouillet, pendant les onze années de 1757 à 1767 inclusivement. Il y eut encore les chasses de la

____

(1) Ms. 7848.

petite meute, presque aussi considérables, puis celles du vautrait.

Dans le livre de Honoré Bonhomme : *Le duc de Penthièvre*, on lit au sujet de Saint-Hubert : « La marquise de Pompadour s'y fit lire les contes de Voltaire, et M** Dubarry y planta des cerisiers, que Louis XV ne dédaigna pas de greffer de ses royales mains. Longtemps il fut question de la cerisaie Dubarry. » D'après ce même auteur, Léon Gozlan a conté de façon charmante, dans ses *Châteaux de France*, l'aventure des vivres :

« Or, un jour, dit-il, Louis XV était venu au château de Saint-Hubert en écrasant les pâquerettes sous les roues dorées de ses équipages ; le Roi et sa suite bruyante de chasseurs, et ses trente ou quarante chevaux, et ses piqueurs, et la reine de la fête, M** Dubarry, nymphe bocagère dont le cou et les bras étaient en vérité trop blancs pour être exposés au hâle des moissonneuses ; ce jour-là, les vivres, auxiliaires ruraux de première nécessité, n'arrivaient pas. Tous les phénomènes mythologiques s'accomplirent, et rien ne se montrait : Phébus s'endormit dans le sein de Téthys; les dryades rentrèrent dans le cœur des chênes; la Nuit, fille du Silence, couronnée de pavots, étendit ses ailes sur la terre, et pas de provisions de bouche. Dans les cuisines, le feu flambait inutilement ; point de grosses poulardes à faire cuire, point de succulentes entrées sur les fourneaux.

« Qui causait donc ce retard ? Pourquoi les fourgons n'étaient-ils pas arrivés ? On vit alors combien était léger le sentiment pastoral des roués : ils auraient donné toutes les églogues de Théocrite pour un pâté de jambon. Rentrer à Versailles pour souper, il était déjà si tard ! Recourir au garde-manger du village ! mais le village n'offrait pas, comme aujourd'hui, des hôtelleries réparatrices de ces sortes de contretemps. Après avoir ri de la famine répandue dans chaque estomac, on s'irrita, on désespéra de la nuit, une

nuit passée sans souper! Le Roi fut calme, comme il con-
vient à tout roi de le paraître au moment du danger.
Mᵐᵉ Dubarry fut sans doute spirituelle, car, dans quelque
rang qu'elles soient placées, les femmes supportent infiniment mieux que les hommes la douleur et les contrariétés.

« Ce fut elle qui ouvrit cet avis triomphant : « Si nous
« allions frapper au château de notre cousin le duc de Pen-
« thièvre? » C'était un radeau, tous les naufragés y sau-
tèrent.

« Chez le duc de Penthièvre! répondit-on en agitant les
« cravaches. — Oui! chez le duc de Penthièvre! » Malgré
son vif désir de souper, Louis XV fit une petite grimace de
doute et presque de refus. Le devoir de l'hospitalité ne
serait pas un fardeau pour le duc, le Roi le pensait bien;
mais comment, en quels termes, dans quel appareil le lui
demanderaient ses compagnons? Il avait appris à se méfier
de leur conduite dans plus d'une circonstance grave. Tout
bien pesé, il leur refusa la permission d'aller, au milieu de
la nuit, déranger le duc de Penthièvre; mais ceux-ci revinrent avec tant d'insistance sur la proposition de Mᵐᵉ Dubarry, ils mirent si adroitement la comtesse dans leurs
intérêts, et, d'ailleurs, elle avait faim aussi, que le Roi se
laissa entraîner à une démarche qu'il blâmait au fond du
cœur. Il était onze heures quand ils sortirent tous du château
de Saint-Hubert, pour se rendre au château de Rambouillet.

« Le Roi avait recommandé le silence pendant la route,
et un maintien respectueux en présence du duc.

« En peu de temps, le trajet était fait, et la compagnie s'in-
troduisit dans les sévères appartements du duc, qui accourut
et s'excusa auprès du Roi et de ces messieurs de paraître
devant eux dans un état un peu étrange.

« Le duc portait un tablier de cuisine et tenait à la main
une cuiller à pot.

« A la vue de ce costume, les compagnons du Roi oublièrent
la réserve promise, et se félicitèrent bruyamment de trouver

le duc de Penthièvre dans la meilleure des dispositions, puisqu'il recevait en cuisinier des gentilshommes affamés.

« Quoique d'un caractère fort sérieux, le duc n'était pas un esprit chagrin, ennemi de la joie chez les autres. Il rit même avant de savoir pour quel motif il était si unanimement question de viandes, de poulets, d'entrées autour de lui. Quand il le connut, il parut fâché d'avoir causé une telle illusion à ses hôtes : « Sire, dit-il au Roi, je n'ai pas la « passion de la bonne chère au point de mettre moi-même « la main à l'œuvre de mes cuisiniers; combien je suis « fâché, Messieurs, de vous l'avoir laissé soupçonner! S'il « vous plaisait de m'accompagner jusqu'à la salle basse « d'où je viens, vous connaîtriez la tâche qui m'occupait, « lorsque vous m'avez fait appeler. »

« Le Roi et ses compagnons descendirent avec le duc de Penthièvre dans une des salles de l'office.

« Mme Dubarry avait été priée de rester au château de Saint-Hubert pendant cette expédition, d'où l'on avait promis de lui rapporter quelque pièce froide.

« Que virent les gentilshommes, fort préoccupés des paroles du duc de Penthièvre? Ils virent bouillonner sous la cheminée deux énormes chaudières en fer.

« Le duc les tira vite de l'incertitude où ils étaient.

« Voilà le potage de mes pauvres, leur dit-il en leur montrant une chaudière, et voilà le ragoût de mouton dont je « les régalerai demain à leur dîner, ajouta-t-il en désignant « l'autre chaudière. Je fais apprêter moi-même ici, sous mes « yeux, une fois par mois, l'ordinaire de mes pauvres, afin « que les cuisiniers de l'hospice s'y conforment. »

« De l'étonnement, les visages qui écoutaient passèrent à l'admiration, et de l'admiration à la bonté fraternelle, qui lie tous les hommes mis en rapport par le spectacle d'une belle action.

« Nous nous invitons à la table de vos pauvres, mon « cousin; un peu de leur potage, un peu de leur ragoût à « chacun de nous. A table, Messieurs. »

« Une trentaine d'assiettes à soupe s'étalèrent sur les longues tables de l'office, et le potage fut dévoré avec un appétit de voyageurs par les convives. Ils le trouvèrent excellent; ils y revinrent; honneur qu'ils rendirent pareillement au ragoût de mouton. Ils mangèrent enfin comme des pauvres, car, comme des pauvres, ils avaient gagné leur souper, ils l'avaient même pour ainsi dire obtenu d'une hospitalité généreuse.

« En partant, ils étaient pensifs et émus; le Roi n'eut pas besoin de leur défendre, comme en allant, de plaisanter sur la simplicité du duc de Penthièvre.

« J'ignore, par exemple, ce que M⁽ᵐᵉ⁾ Dubarry mangea à son souper.

« Quant aux fourgons de vivres, au lieu d'être dirigés sur Saint-Hubert, un ordre mal donné les avait dirigés sur Trianon. »

Bachaumont rapporte, dans ses *Mémoires*, que, le 20 juin 1769, le Roi vint à Saint-Hubert pour observer le passage de Vénus sur le Soleil. La comtesse Du Barry accompagnait le Roi; elle prit plaisir à la leçon d'astronomie que lui donna Louis XV, afin qu'elle pût s'intéresser au phénomène.

Des faits et aventures de chasse, la relation serait interminable; nous nous limiterons, parce qu'elle n'a souvent d'intérêt que pour le veneur. En 1763, au mois de mai, l'*État des chasses* porte que, « le 21ᵉ jour, on a attaqué un cerf dix cors auprès de la Croix-de-l'Esprit, avec un détachement des chiens de la grande meute et les veneurs de la petite, qui a été manqué dans les tailles d'Epernon ». Quatre jours après, le 25, laissé-courre d'un cerf manqué aux Ponts-Quentin; puis, le 30, autre cerf manqué aux mares Gontier. Cette malheureuse série avait été précédée, le 18 du même mois, de la prise d'un cerf qui avait une jambe cassée.

Collé y a fait allusion dans ses *Mémoires*. Il dit :

« M. le comte de Lauraguais, qui a été envoyé le mois dernier à la citadelle de Metz pour une folie qu'il a faite (disgrâce que les suites de sa passion pour l'inoculation lui ont attirée), a écrit, m'a dit M. de Montamy, qu'il étoit très content du lieutenant du Roi, qui le garde parce que c'est un homme dur, et qu'il le traite mal; il prétend que c'est là faire son devoir. A l'occasion de cela, M. le duc d'Orléans nous dit que lorsque l'exempt porta la lettre de cachet à ce charmant seigneur, il lui demanda où étoit le Roi, et que l'exempt lui ayant répondu qu'il étoit à Saint-Hubert, et, ayant eut la bêtise d'ajouter que la veille il avoit manqué trois cerfs, M. le comte de Lauraguais lui dit : « Eh! que ne les faisoit-il « arrêter par lettre de cachet! »

Parfois, deux cerfs étaient pris le même jour. On trouva le cas d'un cerf attaqué, poursuivi et manqué par l'équipage, tandis que des chiens séparés poursuivaient et prenaient seuls un cerf de rencontre.

Mais les belles journées l'emportent en nombre. Le rédacteur du *Journal de la Chasse* (1840) en a transcrit une des plus magnifiques :

« La meute royale était sur la trace d'un cerf. Après un débuché de plusieurs heures, on était rentré au bois, et l'animal, sur ses fins, s'était dirigé vers les vastes étangs de Pourras et de Hollande; le voilà à l'eau, et, comme une goëlette qui fait vent arrière sous le feu d'une multitude de péniches, de pinques, de felouques et de chebecs, il navigue et multiplie les évolutions nautiques; sur les bords de l'étang s'étaient placés le Roi et sa nombreuse suite, vêtus de ce riche costume bleu dont les tableaux contemporains ont transmis la tradition. Tout annonçait un magnifique hallali, un digne couronnement à la fête de la Saint-Hubert; les trompes commençaient déjà à sonner la victoire.

« Tout à coup, à l'extrémité opposée de l'étang, un second cerf vient à paraître; des sons éloignés de trompe se font entendre; l'animal est aussi sur ses fins; derrière lui est une meute qui donne des voix effrayantes, puis des cavaliers en

foule surgissent, et après eux des valets, des piqueurs; on a
reconnu la livrée jaune du prince de Conti; cependant, un
officier de la suite du Roi, qui craint pour les plaisirs de
S. M., veut se détacher pour aller donner l'ordre à l'équipage
du prince de rétrograder. Nul doute que le cerf royal va
s'échapper. « L'hallali, — passez-lui ce mauvais calembour,
« — l'hallali est à l'eau ! »

« Mais le Roi, l'arrêtant : « Laissez, laissez venir, dit-il,
« c'est fort joli à voir. »

« S. M. n'avait pas achevé que, vers la chaussée qui sépare
l'étang de Pourras de celui de Hollande, un troisième cerf se
montrait aux regards étonnés de tous; puis une meute, puis
des escadrons de cavaliers, puis encore des piqueurs et des
valets; mais la livrée n'est ni bleue, ni jaune, cette fois, elle
est rouge, chevronnée de blanc.

« Tous les yeux se sont reportés sur S. M.; on interroge sa
contenance. Que va dire le Roi? C'était l'équipage du prince
d'Hombre, que les caprices de la chasse avaient amené dans
ce même lieu.

« Pour le coup, il s'agit fort sérieusement, parmi les gens
de la suite de S. M., d'aller donner l'ordre au malencontreux
équipage de se retirer. Mais le Roi, loin de laisser apercevoir
la moindre contrariété, paraît enchanté. « Qu'on ne dérange
« personne, dit-il; laissez approcher, je suis trop heureux
« que tout le monde s'amuse. »

« Et alors on vit ce que de mémoire d'homme on n'avait
jamais vu : trois cerfs à l'eau, trois meutes à la poursuite,
trois équipages, aux livrées contrastées et tranchées, assis-
tant au spectacle de leur lutte, puis, enfin, triple hallali (1). »

Le *Journal* de Louis XVI nous permet de donner avec précision le tableau des voyages de Louis XV à son château de

(1) Eugène Chapus, dans *Deux heures de Canapé* (1843), a traité le
même sujet dans un joli récit.

Saint-Hubert, de 1770 à 1774, ou, pour reprendre les termes du gros garçon, « depuis mon mariage jusqu'à sa mort » :

« 1770 : du 24 au 25 de may, du 28 au 30; du 1er au 2 de juin, du 6 au 8, du 11 au 13, du 16 au 18, du 25 au 26; du 2 au 3 de juillet, du 7 au 9; du 20 au 22 de septembre;

« 1771 : du 17 au 18 de may, du 22 au 24, du 27 au 28; du 1er au 3 de juin, du 8 au 10, du 14 au 15, du 20 au 22, du 26 au 28; du 1er au 3 de juillet, du 6 au 8; du 22 au 24 de septembre;

« 1772 : du 26 au 28 d'avril; du 2 au 4 de may, du 9 au 11, du 18 au 20, du 23 au 25; du 30 may au 1er de juin, du 4 au 6, du 10 au 13, du 18 au 20, du 25 au 27; du 30 juin au 1er de juillet, du 4 au 6, du 24 au 26 de novembre;

« 1773 : du 25 au 27 d'avril; du 29 au 1er de may, du 10 au 12, du 19 au 22, du 27 au 29; du 2 au 5 de juin, du 7 au 9, du 14 au 16, du 19 au 21, du 28 au 30; du 3 au 5 de juillet; du 19 au 21 de septembre; du 21 au 22 de novembre, du 25 au 27;

« 1774 : du 22 au 23 de mars. »

.˙.

Le Dauphin ne vint jamais à Saint-Hubert avant son mariage; aussitôt après, il commença à fréquenter cette maison. Le mercredi 16 mai 1770, il avait noté son mariage; le 29 mai, il écrivit sa première chasse à Saint-Hubert : « Chasse du cerf, grande meute, du poteau du Chesne Vaudin; pris un, déjeuné à Saint-Hubert. » Et, à partir de ce moment, il sera constamment occupé à courir la forêt de Rambouillet. Sur son *Journal*, il ne se contentera pas d'inscrire ses voyages à Saint-Hubert, il consignera, d'un air de regret, les chasses que la petite meute et la grande meute auront faites là sans lui. Dans le seul mois de juin 1770, neuf fois, après avoir noté l'emploi de sa journée, il ajoute l'endroit de la forêt de Rambouillet où chassait l'une ou l'autre des meutes.

Nous ne croyons pas pouvoir nous dispenser d'extraire du *Journal* de Louis XVI les chasses qui y sont consignées. La lecture en sera certainement monotone, mais l'ensemble constitue un document important pour l'histoire de ce château :

« *Juin 1770 :*

« Mercredy 6, chasse du cerf, petite meute, à la Croix du Perray, pris deux;

« Lundy 11, Ch. du cerf, à l'Etang de la Tour, manqué, soupé à Saint-Hubert;

« Samedy 16, Ch. du cerf, P. M. (petite meute), à l'Etang de la Tour, pris un, soupé à Saint-Hubert;

« Mardy 26, Ch. du cerf, G. M. (grande meute), pris un, déjeuné à Saint-Hubert.

« *Juillet :*

« Lundy 2, Ch. du cerf, G. M., à Saint-Hubert, pris un, soupé à Saint-Hubert;

« Samedy 7, Ch. du cerf, G. M., du carrefour des 500 arpents, pris un, soupé à Saint-Hubert, couché à Versailles;

« Lundy 9, Ch. du cerf, P. M., du poteau du Chesne Vaudin, pris un, déjeuné à Saint-Hubert. »

En 1771, le Dauphin vient à Saint-Hubert au mois de mai, les 22, 24, 27, 28; en juin, les 1er, 3, 8, 14, 15, 26, 28; en juillet, les 2, 3, 6 et 8. Chaque fois, il déjeunait ou soupait; il y coucha le 27 mai, le 11 juin et le 3 juillet.

Pendant l'année 1772, les voyages inscrits sont des 19 avril, 2 mai, 4, 6, 9, 11, 18, 20, 25, 27 et 30 du même mois; des 1er, 4, 6, 10, 11, 13, 19, 20, 26, 27, 30 juin; des 1er, 4, 6 et 9 juillet.

Avec quatre couchers à Saint-Hubert : du 10 au 11 juin, du 19 au 20, du 26 au 27, du 30 juin au 1er juillet.

L'année 1773 amena le Dauphin à Saint-Hubert les 26 et 30 avril, 11, 27 et 29 mai; les 2 juin, 3, 5, 8, 9, 14, 16, 19,

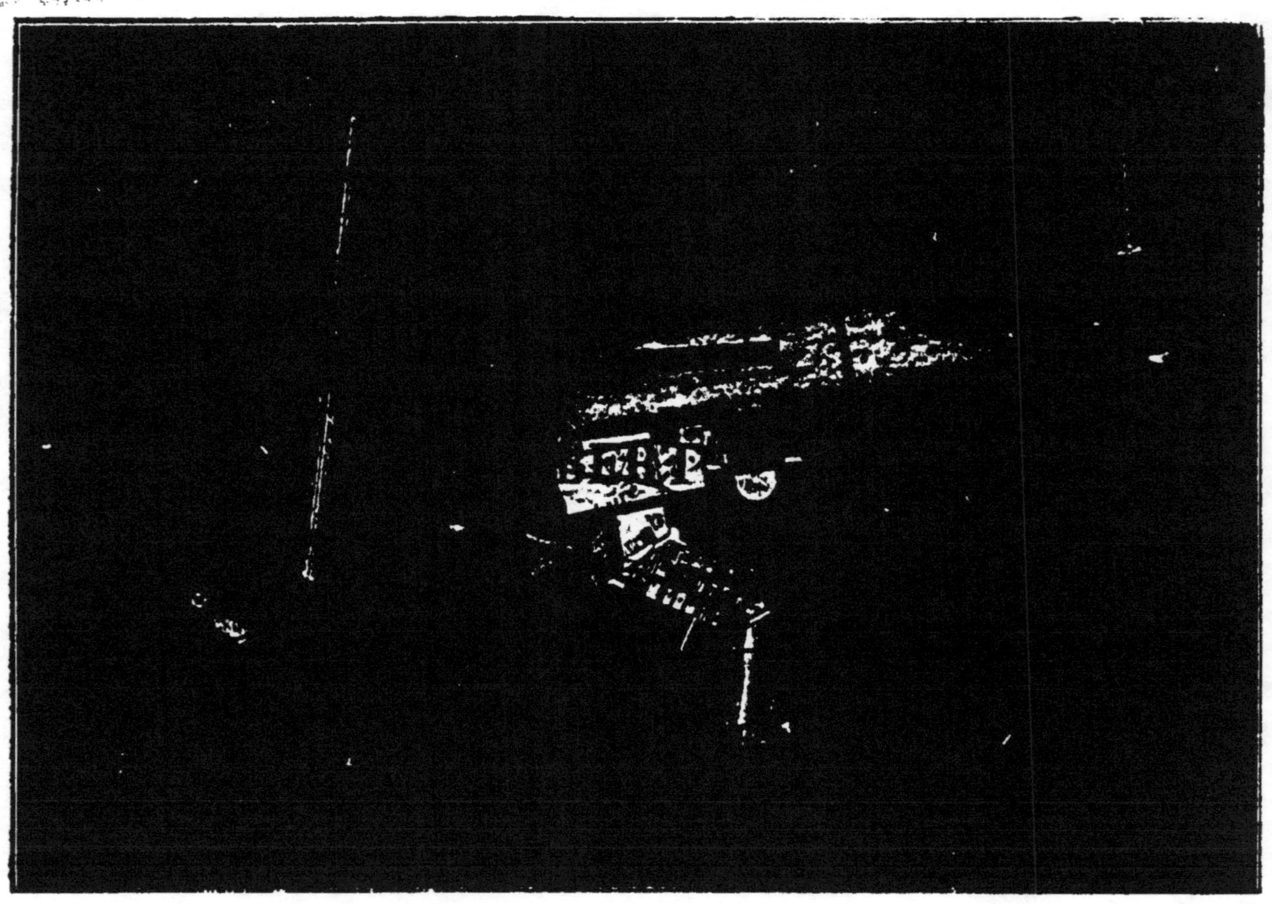

Plan du château de Saint-Hubert, du village et des champs, extrait de la carte des Chasses dressée sous les yeux de Louis XVI.

21, 28 et 30 du même mois; les 3 et 5 juillet; enfin, les 22 et 26 novembre. Le Dauphin ne coucha à Saint-Hubert que la nuit du 2 au 3 juin.

On ne le revit point de toute l'année suivante, par suite de la mort de Louis XV, survenue le 10 avril 1774.

Mais, en 1775, il réapparaît et la Reine l'accompagne. Louis XVI, cependant, vint seul le 24 et le 29 mai, les 2, 26 et 29 juin, puis le 5 août. Entre ces dates, c'est-à-dire en juillet, Marie-Antoinette accompagna le Roi à sept chasses sur huit. Elle obéissait aux conseils qui lui étaient donnés avec tant d'insistance de vaincre la sauvagerie de son époux, afin de donner un héritier à la Couronne. Le *Journal* de Louis XVI dit :

« Samedy 1er juillet. — Ch. du cerf à la barrière des Essarts; pris trois, déjeuné et soupé à Saint-Hubert avec la Reine.

« Mercredy 5. — Ch. du cerf à l'étang de la Tour; pris deux, déjeuné et soupé à Saint-Hubert; la Reine a chassé et soupé.

« Mardy 11. — Ch. du cerf à Batonceaux; pris un, manqué l'autre, déjeuné et soupé à Saint-Hubert; la Reine a soupé.

« Samedy 15. — Ch. du cerf à la Renaudière; pris un, manqué l'autre, déjeuné à Saint-Hubert; la Reine a chassé et soupé.

« Mercredy 19. — Ch. du cerf au poteau d'Hollande; pris un, déjeuné et soupé à Saint-Hubert, promenade; la Reine a chassé et soupé.

« Lundy 24. — Ch. du cerf à Quenouille; pris un, déjeuné et soupé à Saint-Hubert.

« Vendredy 28. — Ch. du cerf à l'étang de la Tour, déjeuné et soupé à Saint-Hubert; la Reine a chassé et soupé.

« Samedy 31. — Ch. du cerf à Batonceaux, déjeuné et soupé à Saint-Hubert; la Reine a soupé. »

Nous ne trouvons point d'autres rendez-vous de chasses

que Saint-Hubert où la Reine ait suivi Louis XVI en 1775, 1776, 1777. Elle ne vint que cinq fois en 1776, participant à trois chasses; deux fois en 1777, une seule fois pour chasser.

C'était le 26 mai; « l'Empereur y était ».

Les « récapitulations » de Louis XVI donnent :

En 1776, 19 chasses, 18 déjeuners et 19 soupers à Saint-Hubert ;

En 1777, 21 chasses, 18 déjeuners et 18 soupers ;

En 1778, 21 chasses, 21 déjeuners et 23 soupers ;

En 1779, 25 chasses, 24 déjeuners et autant de soupers ;

En 1780, 29 chasses au cerf et 3 tirés, 27 déjeuners et 29 soupers ;

En 1781, 28 chasses au cerf et 2 tirés, 21 déjeuners et 21 soupers ;

En 1782, 28 chasses au cerf et 1 tiré, 25 déjeuners, même nombre de soupers ;

En 1783, 31 chasses au cerf, 32 déjeuners et 26 soupers.

La Reine était revenue six fois à Saint-Hubert en 1779; elle y chassa le 31 mai. Elle y fit encore cinq voyages, sans chasser, en 1780; un seul en 1783.

D'après le « Service de Gallerand (1) », les voyages à Saint-Hubert réclamaient chacun 120 à 140 chevaux pour le transport des cabinets du Roi.

« Quand le Roi revenait de chasser à Rambouillet, où il restait à souper, a dit le comte d'Hézèques (2), c'était très avant dans la nuit. En arrivant, à moitié endormi, les jambes engourdies, ébloui par l'éclat des lumières et des flambeaux, il avait peine à monter son escalier. Les valets qui le voyaient, déjà imbus de l'idée de ses débauches, le croyaient dans l'ivresse la plus profonde, tandis que, rentré dans ses appartements, et revenu de son assoupissement, il reprenait la con-

(1) Archives nationales, Carton O¹ 906.
(2) *Souvenirs d'un page de Louis XVI.*

versation et parlait de sa chasse avec des détails que nous trouvions bien longs à trois heures du matin... »

On faisait veiller les deux jeunes pages jusqu'au retour du Roi, uniquement pour lui donner ses pantoufles.

Les mêmes *Souvenirs* du comte d'Hézèques disent que Louis XVI avait un habit particulier pour chaque maison de campagne où il faisait des voyages.

Pour démontrer son habileté de tireur, malgré sa mauvaise vue, Louis XVI se mit à donner dans une manie singulière : il tuait des hirondelles, oiseaux respectés des chasseurs et protégés dans ces pays, plus que par leur utilité, par la superstition que « tuer une hirondelle porte malheur ».

En notant son voyage du 26 juin 1780, à Saint-Hubert, Louis XVI a inscrit sur son *Journal :* « Tué 2 hirondelles »; le 30 du même mois : « Tué 12 hirondelles ».

L'année suivante, dans le courant du mois de juin, il tua encore, en deux fois, quinze hirondelles, dans des voyages à Saint-Hubert. Cette manie diminua par la suite, car on ne rencontre plus que rarement, plus tard, la triste mention d'hirondelles tuées.

.*.

Au nombre des petites choses qu'on raconterait à propos des séjours de Louis XVI à Saint-Hubert, nous retiendrons les pêches qu'on faisait pour fournir les tables de poisson. Le Roi aimait beaucoup le poisson des étangs de Saint-Hubert. Des « estats » étaient dressés de celui qu'on prenait et qu'on servait. L' « estat du poisson de l'estang de Saint-Hubert donné pour le voyage du Roy, le 10 juillet 1778 », porte : « Un brochet de 27 pouces, 2 de 24 et 22 pouces, 3 de 13 à 16 pouces; 11 perches de 7 à 10 pouces et 30 tanches de 12 à 14 pouces. » Les autres états ne diffèrent pas sensiblement de celui-ci; on y trouve, le 30 mai 1780, un respectable brochet de 30 pouces de longueur pour la table du Roi.

Nous énumérerions sans grand intérêt le linge considérable déclaré nécessaire « par chaque voyage » : trente nappes fines et sept douzaines de serviettes superfines, toujours pour « la table du Roy ».

Sa chambre à coucher était restée meublée telle que celle de Louis XV. Celle de Marie-Antoinette, l'ancienne chambre de la marquise de Pompadour et de la Du Barry, avait été tapissée de tentures à fond cramoisi, galonnées d'or. Indifférente à cette résidence, la Reine n'y mit rien de personnel; du reste, on a pu voir qu'elle n'y habita que rarement.

***

En 1783, Louis XVI acheta au duc de Penthièvre le duché de Rambouillet.

Déjà Louis XV avait demandé à faire cette acquisition; Louis XVI renouvela plusieurs fois la même demande et finit par y mettre une insistance toute particulière : « Il y va de mon bonheur, mon cousin », dit-il au duc de Penthièvre. Celui-ci, le cœur plein de tristesse, céda au désir du Roi. Il quitta Rambouillet, sa terre natale, et emmena avec lui les cendres de sa famille déposées dans l'église paroissiale de Rambouillet et pour lesquelles il fonda les caveaux de Dreux.

Plusieurs historiens ont recherché quel sens pouvait avoir dans l'esprit du Roi cette phrase : « Il y va de mon bonheur. » Et d'aucuns, considérant toujours Louis XVI comme un gros garçon fantasque, n'ont voulu y voir que l'expression exagérée de son violent caprice pour une belle terre de chasse. Nous ne partageons point cet avis. La pensée de Louis XVI était certainement d'arracher Marie-Antoinette à la vie de Trianon. Il s'était imaginé que cette demeure champêtre de Rambouillet flatterait la fantaisie de la Reine pour les bergeronnades. Son souci, à Rambouillet, ne fut pas de se mettre à l'aise pour ses chasses, mais de créer une résidence qui plût à la Reine. Tous les documents relatifs aux travaux d'embellissements, toutes les recommandations aux architectes et aux employés du garde-meuble reviennent sur une idée, une même attention : faire des choses qui plaisent à la Reine. Mais la Reine tenait à Trianon; elle opposa son rire moqueur à la tentative de Louis XVI et refusa de s'intéresser à « la crapaudière » de Rambouillet.

L'acquisition du domaine et du château de Rambouillet causa la ruine du château de Saint-Hubert. Louis XVI n'y vint plus aussi fréquemment et cessa entièrement d'y souper et d'y loger. Ses déjeuners à Saint-Hubert ne furent plus qu'au nombre de six en 1784, sur vingt-sept chasses dans la forêt de Rambouillet; sept en 1785, dix en 1786, cinq en 1787, six en 1788.

Pour meubler Rambouillet, Blanchet, contrôleur des Bâtiments, proposa de puiser dans les richesses de Saint-Hubert. « Saint-Hubert restera meublé de toutes choses nécessaires à un rendez-vous de chasse, à un déjeuner, à un accident, en laissant l'appartement du Roi, des princes et princesses garnis de lits, et quelques logements de suite, si M. le commissaire général agrée ces dispositions (1). »

Elles furent agréées et Saint-Hubert fut démeublé au profit de Rambouillet, qui, étant trop petit pour tout recevoir, fut cause que Saint-Cloud, Trianon et le garde-meuble de Paris s'enrichirent chacun d'une part des dépouilles de Saint-Hubert. Le déménagement commença en mars 1784 et se prolongea jusqu'en 1786.

Les Archives nationales possèdent (2) les ordres et les devis relatifs à l'ameublement de Rambouillet. Presque tous sont annotés de la même manière : en face de l'énumération des objets qui garniront ou orneront les appartements de Rambouillet, on lit : « *A tirer de Saint-Hubert.* »

(1) Archives nationales, Carton O¹ 3111.
(2) Carton O¹ 3111.

Voici un de ces états : « *N° 1. — Second appartement du Roi; chambre :* Le lit cramoisi galonné d'or qui meuble la chambre du Roi à Saint-Hubert. Rideaux et sièges, commode, feux et bras de cheminées. Petits rideaux de vitrage, table à écrire ou bureau. Les sièges pour deux gardes-robes, tables de nuit et tout ce qui a rapport, tenture papier de la Chine, baguettes dorées... *A tirer de Saint-Hubert.* »

Pour le cabinet attenant à la chambre du Roi et le grand cabinet intérieur de cet appartement : « Des grands rideaux en deux parties, des rideaux de vitrage et deux fauteuils à prendre du fond de Saint-Hubert au billard... feux, bras et flambeaux d'argent en quantité suffisante pour cet appartement... *A tirer de Saint-Hubert.* »

« *N° 2. — Appartement du Roi.* Chapelle : toutes les chaises à prier Dieu de Saint-Hubert — les faire venir à Rambouillet; le Cabinet des nobles : meubles de damas cramoisi de Saint-Hubert avec la suite du meuble galonné d'or...; *chambre à coucher :* le lit, tenture et suite du meuble de la Reine, qui est à Saint-Hubert; remplacer la commode par une belle commode de Saint-Hubert. Faire revenir la table du Conseil et demander au Roi l'endroit où il veut qu'on la place, soit dans le cabinet qui suit la chambre à coucher dans son premier appartement, soit dans le cabinet du second appartement qu'il occupera quand la Reine viendra... »

Et ainsi du rez-de-chaussée et des appartements des princes et des officiers.

Trois inventaires furent dressés la même année 1784 des meubles existant à Saint-Hubert : le 24 janvier, le 6 mai et le 24 juillet. Le 13 juillet, vingt voitures pleines de meubles étaient parties pour Rambouillet. Les beaux meubles de Louis XV et de la Pompadour allaient servir un autre caprice royal. La Révolution ne les dispersa pas complètement; quelques-uns trouvèrent leur salut dans le muséum créé à Versailles, pour lequel les réservèrent les commissaires chargés de la vente du mobilier du « cy-devant roi ».

En 1785, les bâtiments de Saint-Hubert nécessitaient d'assez grosses réparations. Louis XVI décida de faire le ravalement du pavillon principal, de réparer les anciens communs ; mais, afin de supprimer les charges d'entretien des bâtimens de l'avant-cour, il en ordonna la démolition. Une lettre signée de Gravois et datée du 6 mai 1785 nous renseigne à cet égard : « A Saint-Hubert, le corps des bâtimens du château sera entièrement fini dans une quinzaine de jours avec les ravallemens des murs extérieurs où étaient les petits bâtimens (1) ainsi que les jardins débarrassés pour recevoir le Roy. Je suis en attendant de nouvels ordres pour faire continuer la démolition des autres bâtimens qui n'a pas été décidée définitivement ; pour différens logemens concernant le service, les ouvriers vous attendent, n'ayant plus rien à démolir (2). »

L'entrain ne manquait pas, on le voit par cet écrit ; on faisait tomber en peu de temps ce que le trésor de Louis XV avait édifié si lentement et si péniblement. Dans la même lettre, nous trouvons un détail relatif au tableau de *Saint Hubert*, par Vanloo, et à sa copie placée dans l'église paroissiale : « Quant à la demande de M. le Desservant, pour le tableau du maître-autel de sa paroisse, représentant saint Hubert, est entièrement pourri, ne pouvant être raccommodé. Le tableau original est à la chapelle du château... comme le Roy a décidé de le supprimer, si M. le Directeur général trouvoit bon, on pourroit le placer à la paroisse... »

Au mois de décembre de la même année, le contrôleur Gravois écrivait encore : « La démolition de tous les bâtimens de l'avant-cour du château de Saint-Hubert est finie ; à la réserve d'un des pavillons de l'entrée où je suis logé, ne l'est

(1) Sans doute, les pavillons à l'italienne construits de chaque côté du château.

(2) Archives nationales, O¹ 1739.

point encore... Des ouvrages qui se sont trouvés à faire dans les bâtimens conservés, il en reste très peu à finir; les murs fermant les cours sont aussi finis et le château est fermé actuellement. »

L'orage du 13 juillet 1788 causa 1,511 livres de dégâts à Saint-Hubert. Gravois en rend compte de solennelle manière : « Hier, sur 8 h. 1/2 du matin, il est venu un orage si considérable que l'on comptait que c'était la fin du concours de la nature par le fléau de la grêle. »

En l'année 1789, Louis XVI n'eut pas de loisir à consacrer à la forêt de Rambouillet. La Révolution l'obligea à abandonner Saint-Hubert. Il ne fut plus question de ce château que dans un rapport de Couturier (de la Moselle) à la Convention. Ce député avait été envoyé avec trois autres commissaires pour « régénérer les populations » et pour procéder à la vente « des effets de la ci-devant liste civile » à Rambouillet et à Saint-Hubert. Il ne fallut pas moins de six mois pour réaliser les 590,000 livres qu'elle produisit. Couturier s'exprime ainsi à propos de Saint-Hubert : « ... Sans parler de l'inutilité d'un château couvert de plus de deux ou trois cent milliers de plomb, et fermé par de superbes grillages de fer, ci-devant rendez-vous de chasse, dont l'existence, comme celle de tant d'autres, rappelle le souvenir du despotisme et semble rester là comme une pierre d'attente... »

Ainsi dénoncé, Saint-Hubert fut compris dans les biens dont la vente fut décidée par la loi du 28 ventôse an IV.

Le « citoyen Funck » se présenta comme soumissionnaire à l'effet d'acquérir le bien national ci-après désigné. Deux experts, les citoyens Perrot, nommé par l'administration du département de Seine-et-Oise, et Gérard, choisi par le citoyen Funck, se transportèrent à Saint-Hubert le 21 thermidor an IV, et établirent l'estimation du château de Saint-Hubert, consistant « en château avec jardin et soixante pièces de terre en dépendant, et généralement toutes leurs dépendances... provenant de la liste civile ».

« Les bâtiments composant le château consistent, dit le procès-verbal d'estimation, en un corps de logis faisant face à l'entrée, en quatre pavillons, avec retour en aile.

« Le principal corps de logis contient vingt-trois toises de longueur par dix toises de largeur avec avant-corps dans le même côté de l'étang, formant à l'intérieur un salon circulaire.

« Ledit bâtiment distribué en des souterrains en onze berceaux de caves, rez-de-chaussée distribué en douze pièces, compris cabinets, et une cage d'escalier ; — à l'entresol, sept petites pièces avec garde-robe ; — premier étage, six pièces avec garde-robe ; — le deuxième, en mansarde, distribué en douze pièces avec garde-robe. Toutes les pièces... éclairées, par les quatre faces du bâtiment, par des croisées ouvrantes en deux parties et à grands carreaux avec espagnolettes, excepté au rez-de-chaussée où elles sont... ainsi que les serrures. Une partie des appartements sont décorés de lambris de hauteur en leur pourtour et le surplus avec porte-tapisserie ; plusieurs des pièces sont parquetées et le reste carrelé, observant que le parquet du rez-de-chaussée est en mauvais état ; dans les susdites pièces sont des cheminées avec chambranles en marbre ; le salon circulaire, décoré en stuc, avec pilastres, lequel salon est endommagé par l'humidité.

« Le susdit corps de logis contient vingt et un pieds de haut, à prendre du sol du carreau du rez-de-chaussée jusque dessus l'entablement, et est terminé par un comble tronqué et qui forme terrasse couverte en plomb ; ledit comble a deux égouts couverts en ardoise avec une balustrade au pourtour avec chaîneau de plomb relevant les eaux pluviales et les distribuant dans les tuyaux de descente. Le susdit corps de logis est précédé d'une grande cour de trente-deux toises sur trente-trois toises, laquelle cour est fermée entre les deux pavillons d'entrée par une grille de fer à barreaux droits, avec porte dans le milieu, et contenant vingt et une toises de longueur ; dans ladite cour et de chaque côté est une avenue couverte, allant des pavillons au château ; — ladite cour dans le reste de son pourtour fermée de murs, côté des jardins, avec portes communiquantes dans les cours qui se trouvent de droite et de gauche.

« Les deux pavillons à l'arrivée, et sur lesquels aboutit la grille d'entrée, contiennent ensemble seize toises sur dix toises et sont distribués, savoir : celui à gauche (en entrant), trois berceaux de caves dessous, et au rez-de-chaussée trois petites pièces et une petite servant d'antichambre ; au premier, cinq petites pièces, et au deuxième en mansarde, cinq autres petites pièces, le tout éclairé sur les quatre faces par des croisées ouvrantes en deux parties et à grands carreaux avec espagnolettes ; manque quelques serrures aux portes ; le comble en mansarde couvert en ardoise avec chaineau de plomb, aretier et bresil.

« Le pavillon à droite distribué idem en trois berceaux de caves et deux pièces au rez-de-chaussée, deux à l'entresol ; au premier, quatre pièces grandes et petites ; dans l'étage en mansarde, quatre pièces, le tout terminé par un comble en tout semblable au précédent ; de chaque côté sont deux cours closes en leur pourtour par des murs et par un corps de logis à chacune ; lesdites cours contiennent ensemble vingt-six toises sur douze toises.

« Les deux corps de bâtiments à droite et à gauche, terminant la clôture des deux cours latérales, contiennent ensemble vingt-six toises sur cinq toises et sont distribués, savoir : celui à droite en entrant, en quatre caves ; au rez-de-chaussée, en quatre pièces, une écurie et une vacherie, plus une remise et une écurie ; à l'entresol sont cinq pièces ; au premier en mansarde, dix petites pièces, le tout terminé par un comble en mansarde à deux égouts, couvert en ardoises ; celui à gauche en entrant distribué en ses souterrains de quatre berceaux de caves, au rez-de-chaussée quatre pièces et une remise et une écurie, à l'entresol neuf petites pièces, au premier en mansarde sept pièces, le tout terminé par un comble à deux égouts en mansarde couvert en ardoises; toutes les susdites pièces éclairées sur la cour et terrains environnants par des croisées à carreaux et ouvrant en deux parties, et les principales pièces lambrissées en leur pourtour sur la hauteur; le haut desdites pièces plafonné et le bas carrelé; aux cheminées sont deux chambranles de marbre et le reste en pierre avec tablettes de marbre. Dans les deux cours latérales sont de petits bâtiments, savoir : à droite en entrant, un petit bâtiment de quatorze toises de longueur sur deux toises, élevé d'un rez-de-chaussée et distribué en dix petites pièces, éclairées du côté de la cour par des croisées ouvrantes en deux parties. Le bas desdites pièces carrelé et pavé; dans l'une des pièces est un réservoir garni en plomb pour recevoir les eaux. Ledit bâtiment terminé par un comble à deux égouts et couvert en ardoises.

« Dans la cour opposée est un pareil corps de bâtiment de dix toises de longueur sur deux toises, distribué d'une pièce et d'un cabinet, une remise et une écurie, le tout terminé par un comble à deux égouts couvert en ardoises. »

« Dans ladite dernière cour, et adossés au mur côté de l'entrée, sont construits des hangars couverts en apentif et en ardoises et contiennent onze toises de longueur; pour entrer dans les basses-cours sont pratiquées deux portes charretières dans les murs de clôtures; toutes les susdites cours, grandes et petites, sont pavées; les escaliers desservant les étages des susdits bâtiments sont avec rampe de fer, les bâtiments sont construits en pierre et en moellons et sont en assez bon état; — en dehors est une pièce d'eau, sur le bord de laquelle est construit un petit pavillon carré de vingt pieds sur tous les sens, renfermant un corps de pompe avec un réservoir garni de plomb, distribuant les eaux dans les bâtiments, cours et jardins; ledit pavillon construit en moellon ravalé en partie et couvert en ardoises, et à gauche en entrant au château et attenant icelui à huit toises de distance sont de petits bâtiments très vieux qui furent construits provisoirement lors de la construction, afin d'y loger les commis préposés à la construction du château. — Lesdits bâtiments, connus sous le nom de baraques, contiennent ensemble quatorze toises de long sur cinq toises de large, distribués en dix pièces, terminés par un comble couvert en tuiles; lesdits bâtiments sont de sept pieds de hauteur sous le plancher; à côté, une autre baraque sur laquelle il n'y a plus de couverture et est sans chevrons et construite en pan de bois tombant en ruine; elle contient dix toises sur deux toises de large et sans plancher, et attenant une autre partie couverte en tuile, contenant quatre toises sur deux toises et demi; à côté et attenant sont plusieurs petits jardins entourés de patis contenant ensemble environ quatre-vingts perches à vingt-deux pieds par perche.

« Au bord du bois, au nord, sont deux galeries construites et voûtées en maçonnerie, couvertes en terre et gazon chacune, savoir : l'une de vingt-quatre pieds de diamètre et l'autre de quinze pieds, et ayant en profondeur la dimension de leur diamètre.

« Le potager attenant le château clos de murs en son pourtour et par un mur d'appui côté de la terrasse; ledit jardin, planté d'arbres à fruits avec treillage et espaliers au pourtour, contient trente perches superficielles, avec un bassin au milieu de douze pieds de diamètre et à côté un petit jardinet y attenant, clos de patis en deux bouts; trois perches à l'opposé en bosquet planté en charmille avec différentes salles et allées de même superficie, ci : trente perches; les deux quinconces avec la terrasse au-devant du château, côté de l'étang, contiennent ensemble un arpent et dix perches à raison de vingt-deux pieds par perche; sur ledit terrain sont cent quarante-quatre marronniers de six à sept pouces de diamètre; le jardin ensuite planté en cerisiers, clos de murs en quatre pans avec treillage et espaliers, contient trente-six toises sur dix toises, ce qui donne vingt-huit perches. Du côté de l'étang, et au-devant du jardin potager, est une partie close de treillage, semée en trèfle, ci : pour mémoire. »

Le même procès-verbal d'inventaire s'étendait aux terres « adjacentes et dépendantes » du château de Saint-Hubert :

« Les parties de triangles comprises entre les avenues qui aboutissent en face et au point de centre de l'ancienne entrée du château; la pièce à côté du château et à droite d'icelui, dans laquelle se trouve une pièce d'eau et tenant à la route de Corbet, jusqu'à l'étang, et d'un côté au château, jusqu'à la projection de la route tournante. »

Le lieu dit la Méroterie, de 200 perches de superficie, avec deux vieilles maisons, se trouvait avoir des propriétaires au moment de l'estimation; mais ceux-ci n'avaient pas de titres de propriété. On inscrivit ce bien « pour mémoire ». « De l'autre côté du château et sur sa façade latérale, une partie de terrain comprise entre le château et l'étang » mesurait 770 perches.

Enfin, deux terres figuraient au procès-verbal pour 484 et 960 perches ; mais leur propriété était déclarée douteuse.

Les routes de Corbet, de Montfort, la « ci-devant royale », celles de l'église, de l'Artoire, la route tournante, étaient comprises dans le projet de vente sous la condition que « le soumissionnaire s'engageât à laisser les chemins nécessaires pour la voie publique libres » et, sauf la route tournante, à ne jamais les « boucher ou intercepter ».

Sur le terrain des routes existaient 2,664 pieds d'arbres, tous des ormes, sauf 444 marronniers. Ils ne devaient pas former des avenues bien majestueuses, car ils n'avaient que de 4 à 10 pouces de diamètre, « en observant que la quantité est plus grande dans l'espèce des petits » que dans celle des grands.

ESTIMATION.

L'estimation des objets détaillés ci-dessus fut ainsi faite:

« Après avoir examiné l'état des bâtimens, les matières de leur construction : longueur, largeur, hauteur desdits bâtimens, cours, emplacemens et distributions, leurs clôtures et accès, sommes d'avis que les biens ci-dessus désignés, provenant de la liste civile et connus sous le nom du château de Saint-Hubert, valoient en mil sept cent quatre-vingt-dix, en revenu annuel pour les bâtimens et cours dépendantes du château de Saint-Hubert, la somme de *quatre mille neuf cents livres* qui, multiplié par dix-huit au terme de la loi, donne en capital la somme de *quatre-vingt-huit mille deux cents livres*, ci . . . . 88,200 livres.

« Le potager dudit château et attenant icelui contient, compris le petit à côté, trente-trois perches, à raison de *trente livres* par chaque année, qui, multiplié par vingt-deux au terme de la loi, donne en capital la somme de *six cent soixante livres*, ci . . . . 660 livres.

« Le bosquet opposé planté en charmilles et contenant trente perches, à raison de *vingt livres* par chaque année, qui, multiplié par vingt-deux, donne en capital la somme de *quatre cent quarante livres*, ci . . . . 440 livres.

« Les deux quinconces et la partie du parterre en terrains incultes (les arbres devant être estimés particulièrement ci-après) contiennent un arpent de dix perches, à raison de *douze livres* de revenu annuel, qui, multiplié par vingt-deux, donne en capital la somme de *deux cent soixante-quatre livres*, ci . . . . 264 livres.

« La cerizaie à côté close de murs, plantée en cerisiers, contient vingt-huit perches, à raison de *quarante-huit livres* de revenu annuel, donne en capital la somme de *mille cinquante-six livres*, ci . . . . 1,056 livres.

« Le pavillon de la pompe près la pièce d'eau, avec son réservoir en plomb, que nous estimons ensemble à la somme de *quinze cents livres*, ci . . . . 1,500 livres.

« Les deux glacières près du bois, conformément à la description qui en a été faite, nous les estimons valoir en capital la somme de *mille livres*, ci . . . . 1,000 livres.

« Les baraques près le château et qui servirent autrefois au logement des commis des bâtimens, suivant les désignations qui en ont été faites, que nous estimons valoir en revenu annuel la somme de *quarante-huit livres*, qui, multipliée par dix-huit, donne en capital la somme de *mille cinquante-six livres*, ci . . . . 1,056 livres.

« Soumissionnés par Omer Duménil.

« Les jardins dépendant des maisonnettes, dites baraques des commis; lesdits jardins non clos, contiennent ensemble quatre-vingts perches, à raison de *quarante livres* de revenu annuel, qui, multiplié par vingt-deux, donne en capital *huit cent quatre-vingts livres*, ci . . . . 880 livres.

« Soumissionnés par Omer Duménil.

« Les terres entourant le château, savoir, en qualité la moins mauvaise, la quantité de quatorze arpens soixante-onze perches, à raison de *quinze livres* chaque arpent, qui donne un revenu annuel de *deux cent trente-quatre livres treize sols* et donne en capital la somme de *cinq mille cent soixante-deux livres six sols*, ci . . . . 5,162 l. 6 s.

« Comprenant les triangles entre les avenues, que l'on dit être soumissionnées par Omer Duménil.

« Et de classe inférieure, la quantité de trente-trois arpens dix-neuf perches, à raison de *dix livres* par arpent, donne un revenu annuel de *trois cent trente-une livres dix-huit sols*, par vingt-deux, donne la somme de *sept mille trois cent une livres seize sols*, ci . . . . 7,301 l. 16 s.

« Et de dernière classe, la quantité de vingt-huit arpens quatre-vingt-cinq perches, à raison ensemble de *cent quinze livres huit sols* de revenu annuel, multiplié par vingt-deux, donne en capital la somme de *quinze cent trente-huit livres seize sols*, ci . . . . 1,538 l. 16 s.

« Consistant en avenues où passent les chemins différens, et en la cour supprimée, le tout infiniment mauvais.

« Total général des objets ci-devant détaillés, montant ensemble à la somme de *cent neuf mille cinquante-huit livres dix-huit sols.* Total général à . . . . 109,058 l. 18 s. »

Au sujet des deux terres douteuses, il était dit :

« Les terres soumissionnées par le citoyen Maupin, et qui paroissent être de la dépendance de Saint-Hubert, sont neuf arpens soixante perches, à raison de huit livres par arpent, donne un revenu annuel de soixante-seize livres, multiplié par vingt-deux, donne *seize cent quatre-vingt-neuf livres douze sols,* ci . . . . 1,689 l. 12 s.

« Les soumissionnaires s'arrangeront avec Maupin.

« Les deux arpens et les deux baraques de la Minoterie, estimés provisoirement, et dans le doute où l'on est que les personnes qui les occupent ayent des titres suffisants pour être déclarés propriétaires, et dans le cas où ils n'en auroient pas, alors il ne seroit pas besoin d'une nouvelle expertise, le tout estimé à la somme de *dix-huit cent quatre-vingts livres,* ci . . . . 1,880 livres.

« Aliénation provisoire dans le cas où il y auroit lieu à aliénation. »

Ces deux dernières estimations montant à   3,569 l. 12 s.
jointes aux estimations précédentes 109,058   18
et à celle des 2,664 arbres   7,992   »
formaient un total général de . . . . 120,620 l. 10 s.

LA VENTE.

Un acte de vente fut passé, le 14 vendémiaire an V, au profit des citoyens : Funck, demeurant à Paris, rue de la Loi, maison dite de Suède, pour l'ensemble du château, de ses jardins, des terres dépendantes et des arbres des avenues ; et Augustin Dumesnil, cultivateur à Auffargis, et Charles Mauguin, demeurant à Versailles, rue de la Paix, 33, pour les terres paraissant dépendre du château et que chacun d'eux avait soumissionnées.

Les prix furent ceux du procès-verbal d'estimation pour la plupart des articles, formant un total de 119,360 livres. Il y faut ajouter 1,710 livres payées par le citoyen Maupin pour une grange et 6 arpents de terre, soit, en résumé, 121,070 livres, chiffre un peu supérieur à l'estimation.

On vendit à part les bâtiments des Menus-Plaisirs et de la chapelle, avec quelques terres contiguës : 9,400 livres les Menus-Plaisirs ; 2,790 livres la chapelle. Ce qui amena une protestation de l'acquéreur du château, Théodore Funck. Il prétendit, étant étranger, que sa faible connaissance de la langue française l'avait conduit à une erreur, et qu'il avait compris, par dépendances du château de Saint-Hubert, tout ce qui en avait dépendu sans réserves. Il fut éconduit.

Th. Funck revendit Saint-Hubert, en l'an XII, à Guillaume Dupuis. La même année, il devint la propriété de Legris d'Eperville, dont Mme Barbier de Préville, femme du sous-préfet de Saint-Calais, fut l'héritière.

Après elle, les autres propriétaires furent : en 1830, Mellon Sassiat ; en 1834, Saphary, professeur au collège Bourbon ; puis Coutant Camus, professeur de mathématiques au même collège ; en 1837, Nicolas Crespin, capitaine retraité ; en 1858, Jules-Henri Trogneux ; en 1869, Jean-Prosper Gauthier, ancien greffier en chef au Tribunal de Versailles ; en 1875, dame Nathalie-Laure Augereau, épouse séparée de Pierre Véron, homme de lettres.

Vinrent ensuite : Nicolle de Pauville, et, par suite de folles enchères, Mlle Gauchas et M. Boissonneau ; en 1881, Mestayer ; en 1884, Léone de Beaurepaire, veuve Longet ; en 1886, le docteur Troncin (1) ; en 1894, Haranger ; enfin, en 1903,

(1) M. Troncin du Mersan, successivement médecin, directeur de théâtre, fonctionnaire, a été une physionomie des plus curieuses ; au moment de la Commune, il fut l'intermédiaire qui permit à l'armée de Versailles d'entrer dans Paris. Voir *Larousse* et *La Haute Noce*, de Wolf.

le propriétaire actuel, M. Sevalle, professeur d'apiculture, membre de la Société archéologique de Rambouillet.

Depuis 1855, ces propriétaires n'étaient plus que les possesseurs de l'emplacement du château et de ses dépendances immédiates.

Le gros pavillon, vendu par la Révolution à Funck, fut démoli vers 1855. Les sculptures du salon avaient été détachées et vendues à divers amateurs; le reste, sauf la porte d'entrée à plein cintre surmontée d'un fronton grec, avait disparu. Cette ruine intéressante ne fut maintenue debout qu'une vingtaine d'années. Un propriétaire la renversa et essaya de démolir aussi les souterrains, c'est-à-dire les vastes caves; mais il y renonça en raison de la résistance des matériaux et de la difficulté du travail.

Il n'est ainsi resté de cette demeure royale que la terrasse sur les étangs, absolument intacte, et d'importantes substructions.

Non loin, aux Mesnuls, on retrouve la grille principale du château de Saint-Hubert, que le propriétaire Funck avait vendue, en 1795, à M. le comte de Nugent. Celui-ci substitua plus tard ses armes aux armes royales qu'on n'avait pas manqué, sans doute, de saccager pendant la Révolution, et décora de cette grille son château. Dans cette ancienne demeure du duc de Villars, on conserve d'autres souvenirs de Saint-Hubert; ce sont trois plats de faïence, au milieu desquels on voit les armes royales.

Il existait, il y a quelques années, à la mairie du Perray, un fort bel encrier de faïence avec les armes royales et le chiffre de Saint-Hubert. Il a disparu.

Nous ne connaissons aucune gravure, aucune peinture qui représente le château de Saint-Hubert. Un tableau a figuré, pendant un temps, au Musée de Versailles, dans la salle des Résidences royales; mais il constituait une erreur grossière, et M. de Nolhac, conservateur du Musée, l'a fait enlever.

Sur la carte des chasses de la forêt de Rambouillet, par

Grille du château de Saint-Hubert, actuellement à l'entrée du château des Mesnuls.

Berthier, dans un coin, figure un dessin sans la moindre ressemblance avec le rendez-vous de chasse de Louis XV, bien qu'on lui en ait donné le titre.

Les seules œuvres d'art consacrées au château de Saint-Hubert sont deux petits étains repoussés, que possède un amateur, M. Arnaud, rue de l'Orangerie, n° 9, à Versailles. L'un représente l'ensemble des bâtiments avec les deux cours, les deux grilles, les pavillons, les basses-cours et la façade du pavillon royal, avec la plus complète exactitude; l'autre est une chasse à courre à l'étang de Saint-Hubert, et montre la terrasse du château et la façade du côté de l'étang, avec le salon en avant-corps.

Nous n'avions pu, malheureusement, obtenir du propriétaire la permission de reproduire ces deux petits tableaux, lorsque M. Grave, de Mantes, bien connu par ses nombreux travaux, nous a fait savoir qu'il possédait un petit étain de Compigné semblable à l'un de ceux de M. Arnaud. Il nous en a donné la description suivante :

« Il existe une vue du château de Saint-Hubert assez particulière, puisque c'est une vue gravée en relief sur étain. Elle est peinte, dorée ou gouachée, pour donner plus de ton à cette œuvre, qui, sans cela, serait assez terne.

« Cette plaque mince d'étain a 0^m,20 sur 0^m,152. Le bas figure une partie sablée peut-être, puisqu'elle est jaune. Sur une route ou chemin parallèle à la grille arrive de gauche un beau carrosse attelé de huit chevaux conduits par un cocher sur le siège et un postillon sur le premier cheval de gauche. Neuf cavaliers dispersés forment l'escorte; des piétons et un chien se promènent sur cette partie extérieure, les chevaux tournent déjà sur le chemin central et se dirigent vers une porte monumentale, surmontée d'un fronton de ferronnerie avec un écusson fleurdelisé et couronné, placée au milieu d'une belle grille; droite, terminée par deux écoinsons cintrés. Un autre chemin large suit les contours de la première façade, qui se compose, à droite et à gauche, de deux parties principales, d'un rez-de-chaussée surmonté d'un comble; il y a sept fenêtres et sept lucarnes. Deux pavillons importants sont aux extrémités de la grille, décorés d'un petit avant-corps surmonté d'un fronton triangulaire; il y a trois fenêtres au rez-de-chaussée, trois autres carrées à l'étage et deux lucarnes. Les pavillons d'angle sont simples, et aussi à six fenêtres et trois lucarnes.

« Au delà de la grille, on voit un immense tapis vert divisé par deux chemins en croix; deux cavaliers, deux piétons et un chien le meublent. A droite et à gauche, des lisses et une rangée d'arbres, puis une grille séparant le tapis vert, à droite, d'une grande cour qui semble un manège, car on y voit deux chevaux tenus par des domestiques; à gauche, d'une autre grande cour égale où sont des charrettes. Au fond de ces cours sont donc, à droite, des écuries en rez-de-chaussée surmontées de mansardes ou de greniers, et à gauche, des remises également avec des mansardes. On compte, à droite et à gauche, seize lucarnes, correspondant sans doute à autant d'ouvertures du rez-de-chaussée.

« On parvient alors à une deuxième grille droite, moins importante à ce qu'il semble, surmontée pourtant comme la première d'un beau fronton avec l'écusson royal couronné. A droite et à gauche, l'ordonnance première est répétée : corps de bâtiments flanqués de chaque côté de deux pavillons, mais le corps principal a un étage, sans comble, percé de neuf fenêtres.

« Au delà de la seconde grille est une grande cour sablée où l'on voit de petits personnages. A droite et à gauche, une ligne d'arbustes, puis une ligne d'arbres, et au-dessus des toits, on devine des parterres.

« Le château, qui est à l'extrémité de cette deuxième cour, paraît très beau; on y accède par un large perron tenant toute la façade : celle-ci est formée par un corps central, percé d'une large porte surmontée d'un grand œil-de-bœuf, avec un fronton

Vue du château de Saint-Hubert, du côté de l'entrée. (Exécuté sur le tour par Compigné, tabletier du Roy.)

triangulaire. A droite et à gauche, deux logis à un étage percés de six fenêtres, trois par étage. Sur les angles sont encore deux avant-corps ou pavillons à une seule fenêtre. Les mansardes sont éclairées sur toutes les parties de la façade par des œils-de-bœuf. A droite et à gauche du château, deux boulingrins formant le rectangle parfait avec les bâtiments de l'entrée.

· « Derrière les remises et les écuries sont des allées de grands arbres, et à droite et à gauche des boulingrins, de grands tapis verts.

« Derrière le château, tenant au milieu toute la largeur de la plaque d'étain, est une rivière. Il n'y a pas à s'y tromper, on l'a laissée en teinte du métal et le graveur y a figuré quatre batelets, avec, de place en place, des bouquets verts figurant ou des herbes, ou des îlots. Enfin, au delà, la forêt, coupée en deux au milieu par une route droite. Tout au-dessus du tout, un ciel nuageux rose, bleu et gris.

« On croit deviner, au long de la grille intérieure, de longs bancs adossés. Vers le pavillon de droite est un guichet ou petite porte, ce qui semblerait indiquer que là est le principal concierge.

« On lit au bas de la plaque, sur une seule ligne :

« VUE DU CHATEAU DE St-HUBERT DU COTÉ DE L'ENTRÉE.
« Exécuté sur le Tour par Compigné, Tabletier du Roy. »

La tradition a été plus ingrate encore que les arts à l'égard du château de Saint-Hubert. Son souvenir s'était complètement effacé de la mémoire des habitants du Perray et des Essarts-le-Roi. L'origine du nom du hameau, l'existence jadis d'un château royal, tout était oublié en ces temps derniers.

Pourtant, Louis XV avait placé ce hameau très haut dans ses espérances; il l'avait élevé au rang de bourg. Nous avons vu qu'il l'avait doté d'une petite église. Après en avoir fait tracer le plan, il avait rappelé plusieurs fois qu'il voulait qu'il fût exécuté. Il avait donné d'abord sept lots de terre pour fixer des habitants. En 1769, il en donna treize autres : à Antoine Maru, 28 perches ; Marie Bonnat, 38 perches ; Thomas Dondaine, 60 perches ; Jean Beurlain, 56 perches ; Marius Fauchet, 37 perches ; Louis Gareau, 66 perches ; Blanchet, 44 perches ; Duban, 52 perches ; Jacques Crosnier, 48 perches 1/4 ; Lœillet, 40 perches 1/3 ; Jacques Robin, 41 perches. Les emplacements de deux pièces de terre données à Nicolas Renault, jardinier du Roi à Saint-Hubert, et à Devienne sont spécialement décrits. Le premier recevait quatre lots « contenant deux arpens huit perches, tenant à la rue de Ceinture, à la rue des Champs, à la rue de la Paroisse et au chemin de la Haye-aux-Vaches (1) » ; le second, 25 perches seulement, « tenant à la rue du Perray et à l'avenue de l'Artoire ».

En 1765, un terrain avait été accordé à M. l'Écuyer ; un autre le fut à François Coffre, en 1779. Il y eut d'autres de ces libéralités. Mais, ainsi que nous l'avons remarqué déjà, tous ceux qui en bénéficièrent étaient de près ou de loin des serviteurs du Roi, heureux d'avoir un coin de terre à cultiver ou à enrichir d'une maisonnette pour s'y retirer plus tard. Ils n'appartenaient ni au commerce, ni aux métiers qui font les bourgs actifs et prospères. Aussi, jamais le village de Saint-Hubert ne se développa.

Ses visiteurs, à la fin du XVIII⁰ siècle, étaient frappés seulement du bel alignement de ses rues « tracées au cordeau ».

De nos jours, le commerce ne s'y est point implanté davantage. Auprès de quelques vieilles maisons, restées du XVIII⁰ siècle, derrière l'ancienne poste royale, occupée par une auberge, se sont élevées de coquettes villas que le voyageur s'étonne de rencontrer groupées en cet endroit écarté, comme il s'étonne de voir ces rues droites, ces avenues convergentes, sans que personne dans le pays sache lui en expliquer l'origine, bien que ceux que Louis XV avait favorisés de ses dons y aient laissé des descendants.

(1) Archives nationales, O¹ 1739.